BAMBERGER HEGELWOCHE 2001

DIETRICH DÖRNER
MANFRED SPITZER

VERNUNFT – GEHIRN – COMPUTER: WAS BLEIBT VOM MENSCHEN?

Mit einem Kurzreferat von Gerald Hüther
und Einführungen von
Michael Hampe und Christian Schröer

UNIVERSITÄTS-VERLAG **BAMBERG**

© 2002 Universitäts-Verlag Bamberg
Alle Rechte vorbehalten

Umschlag-Porträts: Rudolf Mader
Lektorat: Christian Schröer
Produktion: Monika Beer
Gestaltung: Erich Weiß
Gesamtherstellung: creo Druck &
Medienservice GmbH, Bamberg

Printed in Germany
ISBN 3-933463-13-0

INHALTSVERZEICHNIS

Christian Schröer
VERNUNFT – GEHIRN – COMPUTER:
WAS BLEIBT VOM MENSCHEN? 7
Einführung zur XII. Bamberger Hegelwoche

Dietrich Dörner
SEELEN AUS DER RETORTE? 15

Michael Hampe
HUMANWISSENSCHAFTLICHE AUFKLÄRUNG 39
Einleitung zum Vortrag von Manfred Spitzer

Manfred Spitzer
DAS GEHIRN ZWISCHEN NATUR UND KULTUR 44

Gerald Hüther
KÜNSTLICHE INTELLIGENZ UND
GEHIRNFORSCHUNG – ABSCHIED VOM
ABENDLÄNDISCHEN MENSCHENBILD? 70

Thema: Wissenschaftsphilosophie.

Erste Veranstaltung aus den Bamberger „Hegelwochen", die nicht von Philosophen sondern von Fachwissenschaftlern geleitet wurde!

CHRISTIAN SCHRÖER
VERNUNFT – GEHIRN – COMPUTER
EINFÜHRUNG ZUR XII: BAMBERGER HEGELWOCHE

Es gab Zeiten, da fand es auch ein Biologe noch völlig normal, den Menschen als einen *homo sapiens* zu bestimmen. Die Biologie bediente sich hier zwanglos des Begriffs der Weisheit (*sapiens* – der Weise), um auszudrücken, was die spezifische Lebensform der biologischen Gattung ausmacht, der Sie und ich angehören. Die menschliche Lebensform ist wesentlich dadurch geprägt, dass sie auf Weisheit hin angelegt ist. Was aber heißt es, auf Weisheit hin angelegt zu sein? Nach herkömmlicher Auffassung bedeutet dies, dass der Mensch vernunftbegabt ist und kraft seiner Vernunftbegabung denken und Erfahrungen sammeln kann, Werkzeuge und Techniken entwickelt und über Gott und die Welt nachdenkt, bis er schließlich beginnt, über sein eigenes Nachdenken nachzudenken, um Täuschungen zu durchschauen, Irrtümer zu vermeiden, Vorurteile aufzuklären und um schließlich nach dem Sinn und der letzten Erfüllung seines Lebens zu fragen. Diejenigen, die zuerst solchen Fragen im alten Griechenland nachgingen, nannten sich *Freunde der Weisheit: Philosophen*. Wer nach dem Menschen als einem Wesen der Weisheit fragt, ist, wie man sieht, bereits auf dem besten Wege, selbst Philosophie zu betreiben.

Der akademische Naturwissenschaftler ist heute nicht mehr, wie noch im 19. Jahrhundert, ein Dr. phil., sondern ein Dr. rer. nat. oder ein Dr. med. Es liegt daher nahe, dass Biologen und Mediziner eine Bestimmung des Menschen bevorzugen, die sie auch im Rahmen ihrer eigenen besonderen wissenschaftlichen Methoden erklären können. Sie werden daher den Menschen lieber mit dem Hinweis auf dasjenige Organ bestimmen, das am meisten die typische Lebensform des Menschen zu prägen scheint, und das ist zweifellos das menschliche Gehirn. Mancher Naturwissenschaftler würde es heute vielleicht treffender finden, wenn man den Menschen gleich als großhirngesteuertes Wesen, als *homo neocorticalis* o. ä. m. bestimmt hätte. In dieser Perspektive wandelt sich aber auch die Frage »Was für ein Lebewesen ist der Mensch?« in die Frage

※ In GB/USA/CDN/AUS/ZA/NZ (etc.) schon!

»Welches sind die spezifischen Leistungen des menschlichen Gehirns?«. Und damit erscheint auch alles das, was der Mensch nach herkömmlicher Auffassung kraft seiner Vernunft tut, zunächst ~~einmal~~ als Leistungen des menschlichen Gehirns.

Das Gehirn wiederum besteht aus einer sehr großen Zahl von neuronalen Bausteinen, die untereinander in höchst komplexer Weise verschaltet sind. Die Schaltungen werden im wesentlichen durch chemische und elektrische Impulse gesteuert. Es liegt nahe, die Funktionsweise des Gehirns mit der Funktionsweise eines Computers zu vergleichen und das Gehirn als ein impulsverarbeitendes System zu verstehen. Und es liegt auch hier wiederum nahe, dass Forscher, die in diesem Bereich arbeiten, wiederum eine Beschreibungsweise dieser Vorgänge bevorzugen, die sie im Rahmen ihrer eigenen besonderen wissenschaftlichen Mittel entwickeln. Wenn man denn geistige Leistungen als Leistungen des Gehirns betrachtet, und wenn man die Leistungen des Gehirns wiederum als funktionale Vorgänge in einem hochkomplexen impulsverarbeitenden System begreift, dann erscheinen allerdings auch unsere geistigen Akte schließlich als funktionale Vorgänge, wie sie sich im Prinzip genauso in einem Computer finden.

 Bedeutet dies, dass die philosophische Frage nach dem Menschen als eines Wesens der Vernunft reduziert werden kann auf die Frage nach den Leistungen des Gehirns und dass die Frage nach den Leistungen des Gehirns letztlich reduziert werden kann auf die Frage nach den Funktionsleistungen eines Computers? Wäre damit nicht auch die philosophische Frage nach der Vernunft und einem vernunftgemäßen Leben sogar bei den Informations- und Neurowissenschaften besser aufgehoben? Oder liegt die Sache eher umgekehrt? Je mehr wir die möglichen Funktionsweisen des Computers verstehen, verstehen wir auch mehr von den Funktionsweisen des Gehirns; und je mehr wir von den Funktionsweisen des Gehirns verstehen, verstehen wir auch mehr von den Leistungen der menschlichen Vernunft. Man würde also sagen: Die Forschungen der Informations- und Neurowissenschaften bestätigen und bereichern, aber ersetzen nicht das philosophische Nachdenken über den menschlichen Geist. Doch auch in diesem Fall stellt sich die Frage, wie sich die im

(*) Eine mehr als 200 Jahre alte Frage! Vgl. Lamettrie: L'Homme Machine

Titel der diesjährigen Hegelwoche genannten Kategorien zueinander verhalten.

Nachdenken heißt wesentlich immer auch: unterscheiden. Worin unterscheiden sich die Begriffe, mit denen hier gearbeitet wird: Vernunft, Gehirn, Computer? Was wird gewonnen, und was geht verloren, wenn wir statt Vernunft Gehirn und statt Gehirn Computer sagen? Der Gewinn scheint auf der Hand zu liegen, wenn man sich die Erfolge der genannten Wissenschaften ansieht. Unser alltägliches Empfinden aber scheint uns zu sagen, dass zugleich auch etwas aus dem Blick zu geraten droht. Ein Computer funktioniert ausschließlich auf der Grundlage von physikalisch determinierten Wechselwirkungen; wir aber halten uns in unserem Urteilen und Entscheiden für frei.[*] Einen Computer darf man einfach abstellen, einen Menschen nicht. Bei einem Computer haben wir nichts dagegen, wenn man ihn durch ein Gerät mit der gleichen Informationsmenge und gleicher Leistungsstärke ersetzt, bei einem Menschen nicht. Ähnliche Vorbehalte melden sich beim Gehirn. Zu sagen, das Wesentliche an einem Menschen ist, dass er ein Gehirn hat, hieße konsequent auch zu sagen: Was kein Gehirn hat, oder noch kein Gehirn oder kein Gehirn mehr, das ist auch kein Mensch. Wir zögern aber wohl nicht ohne Grund, wenn es heißt, der Hirntod ist der Tod des Menschen und wenn nach der derzeitigen Rechtslage mit der Feststellung des Hirntodes der Patient juristisch von einer Person zu einer Sache wird. Und wir halten schon den von Menschen gezeugten Embryo für einen Menschen, obwohl er offensichtlich noch kein Gehirn hat. Die öffentliche Diskussion um diese Fragen zeigt, dass es hier nicht um müßige akademische Fragen geht. Was in Frage steht, ist unser Verständnis vom Menschen und damit wir selbst, und jeder Wandel des Menschenbildes wird immer auch das gesellschaftliche Handeln verändern. Grund genug, genauer zu fragen, wo jeweils die Problematik der beiden genannten Übergänge in der Reihe Vernunft – Gehirn – Computer steckt.

Fragen wir also nach dem ersten Übergang: Lässt sich die menschliche Vernunft auf die Leistungen des Gehirns zurückführen? Wie verhalten sich Vernunft und Gehirn zueinander? Ich darf dazu etwas ausholen. Nehmen wir an, ein angehender Kleriker bringt seinen Familienschmuck zum Goldschmied und bittet

[*] Freiheit vs. Naturgesetz: Auch dies eine in der neuzeitlichen Philosophie schon alte Frage!

ihn, ihm daraus einen Kelch zu machen. Als der Kelch fertig ist, ist dem jungen Mann die Rechnung zu hoch und er sagt, er wolle sein Gold wieder mitnehmen. Der Goldschmied antwortet ihm: *Ihr Gold* können sie mitnehmen, aber *mein Kelch* bleibt hier. Wo liegt der Witz bei der Geschichte? Es liegt darin, dass alles Konkrete einen Doppelcharakter besitzt. Der Streit dreht sich um ein und denselben konkreten Gegenstand, und dennoch scheint er aus zweierlei zu bestehen, wovon das eine dem jungen Mann und das andere dem Goldschmied gehört. Und beide Teile scheinen sowohl etwas Eigenes als auch zugleich etwas Unselbständiges zu sein: Beides ist jeweils etwas Eigenes, denn ein Kelch muss nicht unbedingt aus Gold sein, und Gold muss nicht unbedingt die Form und die Eigenschaften eines Kelches haben. Und dennoch ist beides unselbständig, denn jeder konkrete Kelch muss ja aus irgendetwas bestehen, und jedes konkrete Gold hat irgendeine bestimmte Form, und sei es auch nur die Form eines Klumpens. So verweist jede Form stets auf eine irgendwie entsprechende Materie, und jede konkrete Materie verweist auf irgendeine entsprechende Form; und dennoch erklärt die Form allein noch nicht die Materie, und die Materie allein erklärt noch nicht die Form.

Derselbe Sachverhalt begegnet uns auch bei menschlichen Handlungen. Ich grüße den Kollegen auf der anderen Straßenseite, indem ich kurz die Hand hebe. Wiederum zeigt sich hier derselbe Doppelcharakter des Konkreten: Wir könnten uns vorstellen, das Grüßen sei in unserer Stadt erlaubt, das Handheben aber nicht; oder umgekehrt: das Handheben sei erlaubt, das Grüßen aber nicht. Grüßen und Handheben erscheinen als ein und dieselbe Handlung. Das Grüßen realisiert sich ja in diesem Fall in nichts anderem als in dem Handheben, und das Handheben meint in diesem Fall offensichtlich nichts anderes als das Grüßen. Ja sogar: Wer die vielen möglichen Formen des Grüßens erforscht, wird am Ende sicherlich auch mehr verstehen, was es heißt zu grüßen. Und dennoch ist ein Handheben als solches noch nicht notwendig ein Grüßen und ein Grüßen geschieht nicht notwendig dadurch, dass man die Hand hebt. Also erklärt auch das *Handheben allein* noch nicht das Grüßen, und das *Grüßen als solches* noch nicht das Handheben. Im Unterschied zum Beispiel vom Gold und Kelch steht hier an der Stelle des Kelches das Grüßen und damit etwas Bewusstes, Absichtliches, Intentionales, und an der Stelle des Goldes das physische Heben der Hand. Sollte ich beim verbotenen Grüßen erwischt werden, bräuchte ich nur meine Absicht zu bestreiten und sagen, ich hätte ja nur die Hand gehoben oder es sei nur ein physiologisch bedingter Reflex gewesen. Damit verlöre aber schließlich das Handheben auch den Charakter eines absichtlichen Tuns und damit auch, wenn ich so sagen darf, sein menschliches Gesicht.

Die Doppelstruktur des Konkreten (Gold – Kelch) begegnet uns somit wieder als Doppelcharakter personaler Akte (Handheben – Grüßen) und schließlich auch in der Doppelgesichtigkeit von Gehirn und Vernunft: Wenn wir über etwas nachdenken, kann der Neurologe beobachten, dass in einer bestimmten Region unseres Gehirns die Neuronen feuern. Wiederum haben wir Grund genug, beides für ein und denselben Vorgang zu halten, und doch haben wir es zugleich wieder mit zweierlei zu tun, nämlich mit unserem Nachdenken und mit der Aktivität von Neuronen. Keine noch so eingehende philosophische Analyse meines Nachdenkens würde erklären, wie mein Gehirn das zuwege bringt. Und umgekehrt geht aus keiner noch so detaillierten Analyse einer Gehirnaktivität hervor, dass es ein Nachdenken ist, das sich da realisiert. Der Neurologe muss den Probanten fragen, ob und was er gedacht hat, um die neurologischen Befunde *als* Realisierung einer geistigen Aktivität deuten zu können.

Alles Konkrete, auch das konkrete menschliche Handeln und Denken, hat somit *auch* eine materiale Seite, und *die* können und sollten wir natürlich auch untersuchen. Jedoch zu glauben, dass man durch die Kenntnis der Realisierungsbedingungen allein auch schon das *Ganze* des Denkens und Handelns erfasst habe, wäre eine materialistische oder auch funktionalistische Reduktion, die den Doppelcharakter des Konkreten, des Personalen und der konkreten geistigen Leistung verkennt. Denn von Realisierungsbedingungen zu sprechen hat nur Sinn, wenn man auch sagen kann, *was* es ist, das da realisiert wird. Und das ist ja gerade nicht schon mit dem Hinweis auf die materialen oder funktionalen Realisierungs*bedingungen* beantwortet.

Bei dem zweiten Übergang von Gehirnleistungen auf Computerfunktionen ist zu beachten, dass das Verhalten eines natürlichen Gegenstands auf das Verhalten eines künstlichen Gegenstands zurückgeführt wird. Ein alter Satz in der Philosophie sagt: Die menschliche Kunst ahmt die Natur nach. Dabei prägen wir jedoch dem Kunstprodukt in dreifacher Weise den Stempel unserer menschlichen Absicht auf: Wir isolieren bestimmte Materialien aus ihrer Umgebung nach *unseren Wünschen*, bauen sie nach *unseren Vorstellungen* zu Geräten zusammen, und wir gebrauchen dann diese Geräte zu *unseren Zwecken*. Artefakte sind somit materialiter, funktionaliter und utilitariter Produkte der technischen *Vernunft*. Es ist nun bemerkenswert, wie umgekehrt die Produkte der technischen Vernunft wiederum auf unser Verständnis des Menschen zurückschlagen. Im 17. Jahrhundert erfand man die Pendeluhr, im 18. Jahrhundert die Pumpe, im 19. Jahrhundert die Telegraphie und die Dampfmaschine und im 20. Jahrhundert die Informationstechnologie. Wie mein Frankfurter Kollege Hans Dieter Mutschler in einem Vortrag bemerkte, hielt man den Menschen im 17. Jahrhundert für ein Uhrwerk, im 18. Jahrhundert für ein hydraulisches System, im 19. Jahrhundert für eine Telefonzentrale und eine kybernetische Maschine und heute eben für einen Computer. Der Mensch ist das gewissermaßen alles *auch*. Die Frage ist, ob er *nur* das ist.

Kann man überhaupt die Frage, was der Mensch ist, damit beantworten, dass man sagt, was eine Maschine ist? Das geht schon deshalb nicht, weil die Frage, *was* etwas ist, bei Kunstprodukten völlig anders zu beantworten ist als bei natürlichen Dingen. Was ist ein Stuhl? Etwas zum Sitzen. Und er ist solange und nur solange ein Stuhl, als er zum Sitzen dient. Was ist ein Messer? Etwas zum Schneiden. Und solange es noch nicht schneidet oder wenn es nicht mehr schneidet, *ist* es auch kein *Messer*. Was ein Stuhl ist und was ein Messer ist, wird durch einen *äußeren Zweck* bestimmt. Das ist bei natürlichen Arten genau anders. Was ist ein Mensch? Was ist ein Tier? Ein Mensch ist ein Lebewesen, dessen Lebensform wesentlich durch seine Vernunftfähigkeit geprägt ist. Ein Tier ist ein Lebewesen, dessen Lebensform wesentlich durch seine sinnlichen Wahrnehmungsfähigkeiten geprägt ist. Hier geben wir nicht äußere Zwecke an, sondern verweisen auf etwas, wodurch die Daseinsformen dieser Wesen *innerlich* geprägt sind. Daher *ist* auch schon der Embryo insofern *ein Mensch*, als sein Leben und Wachstum

Vgl. das alte „Mühlenmodell des Geistes". (Leibniz, wenn ich mich nicht irre)

wesentlich durch eine Lebensform bestimmt ist, die sich auf eine vernunftbestimmte Lebensweise hin entwickelt. Was aber ist ein Computer? Eine Maschine *zum* Rechnen, *zur* Textverarbeitung, *zum* schnellen Durchspielen komplexer Kombinationen, *zum* Steuern hochkomplizierter Maschinen. Er *ist* solange ein *Computer*, als er diesen Zwecken zu dienen vermag, und wenn er es noch nicht tut, kann ich noch nicht sagen, es *sei* ein Computer, und wenn er es nicht mehr tut, dann ist er eben kaputt und muss durch ein anderes funktionstüchtiges Gerät ersetzt werden.

Was geschieht also, wenn wir uns angewöhnen würden zu sagen, der Mensch ist eigentlich nichts anderes als eine computergesteuerte Maschine? Wir würden uns zunehmend daran gewöhnen, den Menschen wie ein Artefakt zu betrachten und ihn entsprechend primär nach seiner Tauglichkeit zu äußeren Zwecken zu beurteilen. Natürlich ist ein sehr großer Teil unseres Handelns auf Zwecke ausgerichtet, und wir gebrauchen einen sehr großen Teil unserer Vernunfttätigkeit zum Lösen technischer Probleme, und hierzu können wir uns geeignete Artefakte zunutze machen, die uns helfen, solche Leistungen zu bewältigen. Schon Hegel erklärte allerdings das bloß diskursive und algorithmische Denken zu bloßem Verstandesdenken, in welchem man gerade nicht die Wurzeln des menschlichen Geistes erblicken könne, und das daher letztlich über sich hinaus auf das weist, das Hegel spekulatives Denken nennt. Aber auch schon unsere alltäglichen Erfahrungen, von denen wir sagen würden, dass sich in ihnen menschliches Leben *erfüllt*, sind offenbar gerade nicht auf äußere Zwecke ausgerichtet. Mein Kollege Richard Schaeffler brachte dies einmal kurz und prägnant so zum Ausdruck: »Wenn ich sage: Ich genieße die Schönheit der Landschaft, und jemand fragt: Wozu? Dann sage ich: Banause! Und wenn ich sage: Ich liebe meine Frau, und jemand fragt: Wozu? Dann sage ich: Unverschämtheit! Und wenn ich sage: Ich verehre meinen Gott, und jemand fragt: Wozu? Dann sage ich: Blasphemie!« Es sind nicht die Zwecke und Leistungen der technischen Vernunft, die das menschliche Leben erfüllen; es sind gerade solche ästhetischen, personalen und religiösen Erfahrungen, in denen wir ahnen, was es heißt, ein Mensch zu sein. Den Menschen als ein Wesen der Vernunft zu begreifen, bedeutet von daher wesentlich immer auch, ihn von seiner inneren Lebensform her zu begreifen, die von der Zeugung an auf die Erfahrung eines erfüllten Lebens hin angelegt ist. —— *also doch wieder: ein Zweck!*

Die Fortschritte der Computertechnologie und der Gehirnforschung werden unseren Alltag nachhaltig verändern und uns zunehmend vor ganz neue Fragen stellen: Warum sollte man nicht einem Menschen, bei dem Teile des Gehirns geschädigt sind, dadurch helfen, dass man die ausgefallenen Gehirnfunktionen durch kleine Computerimplantate ersetzt? Aber wie viel sollten wir ersetzen? Erst ein Eckchen, dann immer mehr, und schließlich das ganze Gehirn? Warum dann nicht gleich ein ganzes Gehirn nachbauen? Und – so viel muss auch klar sein – jede Funktionsleistung lässt sich optimieren. In einem von Dieter Birnbacher herausgegebenen Bändchen von 1980 gibt es einen Beitrag mit dem Titel »Was spricht gegen Plastikbäume?«. So können wir weiterfragen: Was spricht eigentlich gegen Plastikmenschen? Was spricht gegen funktionsgerechte Menschen für eine Weltraummission zum Jupiter, was gegen funktionsgerechte Menschen für den Krieg, was gegen funktionsgerechte Menschen für ökonomisch lukrative Dienstleistungen aller Art? Was sollte uns dann aber noch an einem herkömmlichen Menschen interessieren, wenn uns der Nachbau in allem effektiver, genauer, zuverlässiger, ökonomisch nutzbringender und – weil es ja vielleicht keine »richtigen« Menschen sind – moralisch unbedenklicher erscheint?

Die Science-Fiction-Geschichten malen uns die weitere Entwicklung bereits in grellen Farben aus. Die Arbeitsroboter im Raumschiff Orion gehorchen noch aufs Wort, solange ihr Programm ordnungsgemäß funktioniert. Die Besatzung des Raumschiffs Enterprise hat bereits gewaltige Mühe, Nachbauten von Menschen von natürlichen Menschen zu unterscheiden. Und in dem Kultfilm »2001 – Odyssee im Weltraum« kämpft ein Computer dagegen, abgeschaltet zu werden, weil er bereits so etwas wie eine Seele hat. Wir schreiben das Jahr 2001. Wohin geht die Reise? Was bleibt vom Menschen?

Hier oben erwähnte (der sich der interessanter Fragen durch die Antworten „Banause – Unverschämtheit – Blasphemie!" verschließt) handelt vollkommen un—, ja sogar antiphilosophisch. Jede Frage ist erlaubt.

DIETRICH DÖRNER
SEELEN AUS DER RETORTE?

Künstliche beseelte Kreaturen sind kein neues Thema. So ist der Golem eine Gestalt aus der jüdischen Mystik. Ein Mann aus Lehm gemacht, der gewöhnlich »tot« ist. Aber indem der Kundige ihm einen Spruch unter die Zunge legt, kann er ihn lebendig machen. Der hohe Rabbi Loew, der im 16. Jahrhundert in Prag lebte, soll, so wird es berichtet, einen Golem als Hausknecht beschäftigt haben, dieser holte ihm Wasser, schürte den Ofen und hackte Holz. Er verstand, was man ihm sagte, konnte allerdings nicht selbst sprechen.

Künstliche Seelen: Traum oder Alptraum?

Die Geschichte vom Golem ist – ich glaube dreimal – verfilmt und oft literarisch behandelt worden. Noch häufiger ist »Frankenstein« verfilmt worden. Die Science-Fiction-Literatur quillt über von menschenähnlichen, beseelten Robotern. – Warum fasziniert das Thema so sehr? Weil es die Krone menschlicher Schöpfungsfähigkeit wäre, sich selbst noch einmal zu erschaffen? Oder der Gefahren wegen, die sich aus der Existenz solcher autonomen Kreaturen ergäbe?

In dem Roman »Der Golem« von Gustav Meyrink entweicht der Golem seinem Herrn, verführt durch einen Schüler des hohen Rabbi, wird böse und stiftet allerlei Unheil an, bis ihn schließlich der Rabbi wieder »stilllegen« kann. Dass künstliche Menschen »böse« werden, gehört zur Tradition des Alptraums vom künstlichen Menschen; das Gedicht »Der Zauberlehrling« von Goethe (auf die Legende vom Golem zurückzuführen?) ist ein anderes Beispiel für eine Gefahrenwarnung.

Frankenstein wird böse, weil ihm die Eingliederung in die menschliche Gesellschaft versagt bleibt (was wohl im wesentlichen ein Problem der seinerzeit noch unterentwickelten kosmetischen Chirurgie war). Auch die Puppe ›Olimpia‹ in E.T.A. Hoffmanns Geschichte »Der Sandmann« ist zwar selbst nicht böse, wohl aber ihr Schöpfer, und Olimpia richtet nichts als Unheil an.

Zwar bleibt sie hinter dem Golem hinsichtlich ihrer praktischen Fähigkeiten zurück – es wird nicht berichtet, dass sie auch nur Holz hacken konnte – und auch ihre sprachliche Begabung geht über »Ach, ach!« nicht wesentlich hinaus, aber sie hatte doch eine ganze Menge »emotionaler Intelligenz«, mit deren Hilfe sie dem Studenten Anselmus den Kopf verdrehte, und zwar recht kräftig. Es endete mit dem Tod des Anselmus; das hat man davon, wenn man sich in künstliche Wesen verliebt!

Vielen Menschen erscheint die Idee, »Seelen aus der Retorte« zu schaffen, unheimlich oder sogar als Sakrileg. – Seele aus der Retorte: Das heißt heutzutage natürlich Seele im Computer, die Seele in der Maschine und als Maschine. Das weckt unangenehme Gefühle. Der Mensch als Maschine; das weckt unangenehme Gefühle; das betrachten viele Menschen als Beleidigung, als Entwürdigung. Maschinen sind unorganisch, mechanisch, dumm, man kann sie mit einem Knopfdruck an- oder ausstellen, sie sind austauschbar und wenn sie alt und verrostet sind, schmeißt man sie weg. – Wenn wir Menschen Maschinen wären, würde dann nicht das Gleiche auch für uns gelten? Was bliebe von unserer Einzigartigkeit, was bliebe von unserer Würde?

Künstliche Intelligenz

Neu ist das Thema des künstlichen Menschen also keineswegs, die neueren Golems sehen vielleicht nicht so freundlich und etwas melancholisch aus wie der den Lehmmann darstellende Paul Wegner in der Verfilmung von 1920, sondern vielleicht »glatter« wie der von Abb. 1 oder »technischer« wie der von Abb. 2. – Neu ist, dass seit der Entwicklung der Computer die Golems und ähnliche Wesen den Bereich der Legenden und der Literatur zu verlassen scheinen und in vielerlei Form, als Industrieroboter, als Steuerungssysteme für U-Bahnen, als »intelligente« Gegner in Computerspielen, als künstliche Börsenspekulanten und Devisenhändler erfahrbare Realität werden.

Computer können tolle Sachen machen. Die meisten von uns benutzen sie nur als eine Art Schreibmaschinenersatz, aber auch da können sie eine ganze Menge mehr als eine normale Schreibmaschine: Sie korrigieren unsere Rechtschreibung, unsere Grammatik, sie erstellen das richtige Layout und sie rechnen Tabellen aus; man kann sie wunderbar zum Herstellen von Abbildungen benutzen.

Computer können Autos von Stuttgart nach Nürnberg über die Autobahn fahren, inzwischen sogar auf einer normal befahrenen Autobahn, sie weichen aus, überholen richtig und können den schwarzen Schlagschatten einer Autobahnbrücke von einem Hindernis unterscheiden (eine durchaus bemerkenswerte Leistung!); Computer können Düsenklipper bei Nacht, bei Gegenwind und bei Nebel landen, und zwar besser als jeder Pilot; und sie steuern Weltraumraketen und U-Bahn-Netze.

Besonders bemerkenswert ist die Fähigkeit von Computern, »nicht berechenbare« Probleme zu lösen, also solche Probleme, für die es – außer dem systematischen Probieren – keinen Algorithmus gibt, der mit Sicherheit zu dem gewünschten Ergebnis führt. Ein Beispiel dafür ist das Problem herauszufinden, ob eine Zahl eine Primzahl ist oder nicht. Für 23, 51 oder 57 kann man das durch systematisches Probieren noch leicht herausfinden. Wie ist es aber mit der Zahl $2^{44497}-1$? Mit purem Probieren kommen Sie hier nicht sehr weit. Und auch ein Computer kommt nicht sehr weit, auch wenn er erheblich schneller Primfaktorenkombinationen durchprobieren kann als Sie. (Nebenbei: diese Zahl *ist* eine Primzahl; das hat aber kein Computer herausgefunden, sondern die beiden Herren Harry L. Nelson und David Slowinsky; siehe Pomerance, 1983.) Wenn Sie sich aber doch an das systematische Probieren machen wollen und – am besten mithilfe eines Computers, der pro Sekunde vielleicht eine Million Divisionen durchführt – der Reihe nach prüfen, ob die Zahl ohne Rest durch 3, 4 usw. teilbar ist oder nicht, müssen Sie sich auf eine Rechenzeit von etwa 10^{6684} Jahren gefasst machen.

Es gibt viele »nicht berechenbare« Probleme und für manche ist der praktische Nutzen einer Lösung auch offensichtlicher als für das Primfaktorenproblem (die Ermittlung von Primzahlen hat für die Konstruktion von Verschlüsselungscodes aber durchaus eine praktische Bedeutung!). Aber betrachten Sie z. B. das »Problem des Handlungsreisenden«. Stellen Sie sich vor, ein Handelsvertreter hat eine bestimmte Reihe von Städten abzufahren, zwanzig oder dreißig, und er soll den optimalen Weg wählen, der ihm am meisten Zeit und seiner Firma Spesen erspart. (Analog ist das Problem der Minimierung von Leitungslängen bei der Chipherstellung. Kurze Schaltwege heißen hohe Geschwindigkeit und wenig Materialverbrauch. Deshalb ist es wichtig, die beste Schaltverbindung zu finden. Gleichfalls weitgehend analog zum Problem des Handlungsreisenden ist das Problem der Routenplanung bei Speditionsfirmen.)

Dasjenige »nicht berechenbare« Problem, dessen gute Lösung durch einen Computer gewöhnlich das größte Aufsehen erregt, ist das Schachspiel. So ging die Nachricht, dass ›Deep Blue‹ – ein Schachcomputer der Firma IBM – im Jahre 1989 den russischen Großmeister Kasparow schlug, sofort um die Welt.

Dass ein Computer »dumme« Probleme, für die es ein Routineverfahren gibt, viel schneller und fehlerfreier lösen kann als wir Menschen, belastet uns so wenig wie die Tatsache, dass ein Auto schneller fahren kann, als wir laufen können. Bei »nicht berechenbaren Problemen« aber ist das anders. Ein Schachgroßmeister, der von einer Maschine im »königlichen Spiel«, das nach allgemeiner Auffassung hohe Ansprüche an die Intelligenz stellt, geschlagen wird, ist doch ein Beweis für die überlegene Intelligenz von Maschinen? Es gibt Verfahren, um die Spielstärke von Schachspielern abzuschätzen. Der durchschnittliche Turnierspieler hat eine Spielstärke von 1500 (was immer das genau bedeuten mag); Großmeister liegen im Bereich um 2200 bis 2300 und in diesem Bereich liegt auch die Spielstärke von Deep Blue.

Kann man sagen, dass Computer, die »nicht berechenbare« Probleme so gut oder besser lösen als Menschen, intelligent sind, sogar intelligenter als Menschen? Das meint Ray Kurzweil, der voraussieht, dass wir in absehbarer Zeit von den Computern entthront werden. Wir wollen das nun einmal untersuchen.

Letztlich geht es beim Problemlösen immer um die *Konstruktion* eines Gebildes, z. B. die Konstruktion eines Planes für Operationen auf dem Schachbrett, um die Konstruktion des Nachweises, ob eine Zahl prim ist oder nicht, um die Konstruktion einer bestimmten Abfolge von Reisen zwischen verschiedenen Städten beim Handelsvertreterproblem. – Menschen und Computer verwenden bestimmte Verfahren, um solche »Konstellationen« zu konstruieren. Grob bestehen solche Verfahren aus Herstellungs- und Prüfoperationen. Man macht etwas, legt z. B. einen Teilweg für den Handelsvertreter fest und überprüft dann, ob die Konstellation bestimmten Bedingungen genügt. Die einfachste Methode des Konstruierens ist die systematische oder zufallsgeleitete probeweise Zusammenstellung irgendwelcher Konstellationen und die nachfolgende Prüfung, ob die Konstellation »gut« ist (oder zumindest besser als andere). Wenn man genügend Zeit hat (wie z. B. die Evolution) oder aber sehr schnell ist (und das Problem nicht allzu komplex), kann das pure Probieren durchaus zu guten Ergebnissen führen. Bei geringer Geschwindigkeit des Systems und bei großer Komplexität aber versagt diese Methode und es ist notwendig, heuristische Verfahren zu verwenden.

Immerhin können Maschinen weniger komplexe Probleme in der Tat durch systematisches Probieren schnell und sehr gut lösen. Eine Maschine, die eine Million Divisionen pro Sekunde durchführen kann oder die pro Sekunde hunderttausend Wegekombinationen in einem Wegenetz zwischen zwanzig Städten herstellen und deren Länge berechen kann, findet auf diese – relativ geistlose – Weise schnell eine gute Lösung, und wohl sehr oft auch eine, die besser ist als die, die Menschen mit viel Nachdenken und »Einsicht« zustande bringen.

Hier kann also die Null-Intelligenz des geistlosen Durchpermutierens menschliche Einsicht durchaus schlagen. Die Lösung sieht dann vielleicht sehr intelligent aus, ist aber ganz ohne Intelligenz zustande gekommen.

Nun ist das pure Probieren aber selbst für schnelle Computer bei komplexeren Problemen keine aussichtsreiche Methode. Wenn Deep Blue acht Züge im Voraus nur durch pures Probieren vorausplanen sollte, so müsste er – angenommen es gäbe auf jeder Station nur acht Zugmöglichkeiten, 64^8, nämlich 8×8^8 Untersuchungen anstellen, und das hieße, dass er 281 Billionen 477 Milliarden 976 Millionen und 700 Tausend verschiedene Züge beurteilen müsste.

Wenn Sie achtzig Jahre alt geworden sind, haben Sie 2 522 880 000 Sekunden lang gelebt. Wenn Sie pro Zug nur eine

Sekunde überlegten, dann brauchen Sie 111 608 Leben von achtzig Jahren Länge, um eine einzige Schachposition bezüglich ihrer Entwicklungsmöglichkeiten auf acht Züge voraus zu analysieren. Nehmen wir an, dass ein Schachcomputer eine Million mal schneller ist als Sie. Dann würde er für das systematische Probieren immer noch etwa 281 Millionen Sekunden brauchen, das sind 3258 Tage oder etwa neun Jahre. – Wohlgemerkt: für einen Zug; das wird also ein ziemlich langweiliges Schachspiel!

Tatsächlich setzen Computer nicht ausschließlich auf das Probieren, sondern sie benützen bestimmte heuristische Verfahren, um die Probierzeit drastisch herabzusetzen. Für das nichtberechenbare Problem der Primfaktorenzerlegung gilt z. B. die Bedingung: Wenn p eine Primzahl ist, ist $2^{p-1}-1$ durch p teilbar. (Untersuchen Sie das z. B. für die Primzahl 7. $2^6-1 = 63$ ist durch 7 teilbar.)

Leider gilt das nicht *nur* für Primzahlen; es gibt auch (zum Glück selten) Zahlen, die diese Bedingung erfüllen und nicht prim sind. Immerhin kann man aber diese Bedingung (die von Pierre de Fermat entdeckt wurde) als ein Kriterium für die Vorauswahl verwenden. (Bei sehr großen Zahlen ist allein schon die Verwendung dieses Kriteriums ein Problem.) Mehr zu den heuristischen Regeln für die Primfaktorenzerlegung findet man z. B. bei Pomerance (1983).

Auch Deep Blue benutzt bestimmte heuristische Bewertungsregeln für Stellungen und entscheidet danach, ob bestimmte Züge nicht weiter untersucht (z. B. solche, die zum eigenen Schachmatt führen) oder genauer analysiert werden sollten (z. B. solche, die nahe an ein Schachmatt des Gegners heranführen). – Die Schwierigkeit mit solchen Bewertungssystemen ist, dass sich ein kurzfristiger Nachteil langfristig als Vorteil erweisen kann; man denke an Figurenopfer. Man sollte also »scheinbar« nachteilige Züge nicht direkt verwerfen, sondern zunächst noch weiter untersuchen, genau wie man Zahlen, die der Fermat'schen Bedingung genügen, noch weiter untersuchen muss.

Es gibt unendlich viele heuristische Verfahren. Neben Bewertungsregeln und Auswahlkriterien gibt es Regeln für die Vorgehensweise, für die Herstellung von Konstellationen. Betrachten wir wieder das Schachproblem. In einer bestimmten Situation kann man »vorwärts planen«: »Erst einmal mache ich das, dann das, dann das, dann das…!« Oder man kann rückwärts planen: »Da will ich hin und wenn ich da wäre, wie müsste die Situation davor aussehen und wie die davor und davor…?«, usw. bis man sich zur Ausgangssituation zurückgearbeitet hat. Man kann vorwärts oder rückwärts planen. Entweder nach der Maxime »Breite zuerst!« oder nach der Maxime »Tiefe zuerst!«. Und man kann das Vorwärts- und Rückwärtsplanen kombinieren. Und man kann beim Vorwärts- oder Rückwärtsplanen verschiedene Kriterien verwenden, um jeweils zu entscheiden, ob man einen Weg weiter verfolgen sollte oder nicht.

Man kann auch den »Suchraum erweitern« und beim Schachspielen z. B. den Gegner ärgern, um auf diese Weise seine Denkfähigkeit herabzusetzen. Und, und, und…

Menschen können sich ihre Konstruktionsstrategien selbst ausdenken (und tun dies in größerem oder geringeren Ausmaß). Sie konstruieren gewissermaßen ihre Konstruktionsstrategien und ändern sie auch oft, wenn sie sich als nicht erfolgreich erweisen. Die menschliche Intelligenz liegt im wesentlichen darin, dass Menschen »Konstruktionsstrategien« selbst gestalten können. Das ist ihr »aktiver Geist«. Georg Klaus (1968) definierte ›Intelligenz‹ durch fünf Fähigkeiten:

1.) Fähigkeit zur Konstruktion eines Abbildes der Außenwelt, das durch Lernen ständig verbessert wird.

2.) Fähigkeit zur zweckmäßigen Auswahl und Verknüpfung von Informationen.

3.) Fähigkeit zur Konstruktion von Verhaltensalgorithmen und Prüfung dieser Algorithmen durch Simulation an einem internen Außenweltmodell.

4.) Fähigkeit zur Konstruktion von Algorithmen zur Bewertung solcher Algorithmen und Ersetzung unzweckmäßiger Algorithmen durch zweckmäßigere.

5.) Vorwegnahme zukünftiger Außenweltsituationen durch deren Simulation an einem internen Modell.

KI-Systeme haben gewöhnlich Fähigkeit Nr. 1 nicht, weil sie ihre Außenweltmodelle als ›Readymades‹ vorgesetzt bekommen. Daher brauchen sie auch Fähigkeit Nr. 2 kaum; es wird ihnen von vornherein die unwesentliche Information vorenthalten, es wird ihnen also »gesagt«, dass die Tischbeine des Schachtischs keine wesentlichen Informationen über das Schachspiel enthalten (was ja grundfalsch sein kann!). Die Fähigkeit Nr. 3 haben KI-Systeme; das sind die Konstruktionsregeln. Fähigkeit Nr. 4 haben sie nicht und das ist ziemlich wichtig.

Ihre heuristischen Regeln beziehen KI-Systeme von ihren Programmierern und denken sich solche Verfahren keineswegs selbst aus. Ist ein Primzahlen knackendes System der KI selbst schon einmal auf die Fermat'sche Bedingung gekommen? Überlegt sich Deep Blue mitunter, ob er, statt immer nur vorwärts zu planen, auch einmal rückwärts planen sollte? Überlegt er sich, dass er vielleicht seinen Gegner ärgern könnte, indem er am Tisch wackelt? – Kein Gedanke!

Die Konstruktionsregeln für die zu erstellenden Konstellationen werden den Computern von ihren Programmierern vorgegeben. Die KI-Systeme konstruieren weder ihre »Algorithmen zur *Bewertung* von Algorithmen«, noch ersetzen sie »unzweckmäßige Algorithmen durch zweckmäßigere«. Damit aber sind die Programmierer intelligent; die Computer wenden die Ergebnisse der Denkprozesse der Programmierer an.

Im Bereich der KI tendiert man dazu, Systeme intelligent zu nennen, wenn sie Leistungen vollbringen, die, würde man sie von Menschen verlangen, Intelligenz erfordern würden. Auf den ersten Blick ist das vielleicht einleuchtend, auf den zweiten aber überhaupt nicht. Denn danach wären Libellen oder Spinnen hochintelligent. Konstruieren Sie mal ein Spinnennetz! Oder konstruieren Sie einen Flugapparat, der wie eine Libelle fliegt! Wenn Sie diese Aufgaben lösen können (ohne schon vorher zu wissen, wie es geht), wären Sie zweifellos sehr intelligent.

KI-Computer sind so wenig intelligent wie Spinnen oder Libellen. Die Intelligenz der Computer ist »geliehene Intelligenz«, die Intelligenz der Programmierer, die ihre heuristischen Regeln hineingesteckt haben. Computer haben eine Ansammlung von »instinkthaften Verhaltensweisen«, die automatisch ablaufen und von ihnen nicht bedacht werden. Diese »Computerinstinkte« sind oft sehr raffiniert und kompliziert – alle Hochachtung vor der Intelligenz der Programmierer, aber die Eigenintelligenz der KI-Rechner hält sich in engen Grenzen; die Klaus'sche Liste ist ein ganz guter Prüfstein. Wesentlich sind die KI-Computer heute – Geistesprothesen, Hilfsmittel, die uns Aufgaben abnehmen, für die wir nicht schnell genug sind, genau genug, für die unser »Arbeitsspeicher« nicht ausreicht. Sie sind gewissermaßen Intelligenzerweiterungen, Intelligenzverstärker. So wie die Werkzeuge, Zangen, Hämmer, Sägen usw. Erweiterungen unserer manuellen Fähigkeiten sind.

Computer nehmen mehr und mehr Raum in unserem Leben ein, bestimmen es mehr und mehr; stellen Sie sich einmal vor, was geschehen würde, wenn auf einen Schlag alle Computer der Welt ihren »Geist« aufgeben würden. Daher ist es in einem gewissen Umfang verständlich, wenn Ray Kurzweil (1999) sagt, dass die Zukunft dem Computer gehört.

Fragt sich nur, in welcher Weise? In der Weise, wie der Elektrizität die Gegenwart gehört? Kurzweil oder Minsky meinen, dass Computer uns beherrschen werden, weil sie schlauer sein werden als wir, und dass wir froh sein können, wenn sie uns, so Marvin Minsky, noch als Haustiere halten werden. Der Mensch als Meerschweinchen für die Computer? Wegen solcher düsteren Zukunftsaussichten fordert Bill Joy (2000) bereits ein Moratorium für die entsprechende Forschung.

Aber von der heutigen KI drohen uns solche Gefahren bestimmt nicht, und zwar aus einem ganz einfachen Grund, der mit der ständig eindrucksvoll steigenden Rechengeschwindigkeit und Speicherkapazität von Computern gar nichts zu tun hat.

Von zentraler Bedeutung ist, dass Computer keine eigenständige Motivation haben, sie haben keine Bedürfnisse (noch nicht einmal das Bedürfnis, irgendjemanden als Haustier zu halten oder uns zu beherrschen, uns zu ihren Sklaven zu machen oder uns »auszubeuten«). Von den heutigen Computern drohen uns überhaupt keine Gefahren, denn sie wollen einfach nichts. – Natürlich sind wir von ihnen inzwischen total abhängig, aber das sind wir auch von den Steckdosen. Deshalb aber fordert niemand einen Stopp der Forschung zur Elektrizitätserzeugung.

Natürlich sind Computer auch »schlauer« als wir, weil sie schneller Primzahlen ermitteln und das »travelling-salesman-Problem« schneller und besser lösen und in naher Zukunft mit Sicherheit besser Schach spielen werden als Menschen. Aber ihre Intelligenz (wenn man überhaupt davon sprechen will) ist strikt bereichsbezogen. (Deep Blue kann man die Aufgabe zu untersuchen, ob eine Zahl eine Primzahl ist oder nicht, noch nicht einmal verständlich machen, und wie er selbständig entdecken sollte, dass die Fermat'sche Bedingung zutrifft, um diese Bedingung dann als heuristische Regel zu verwenden, ist nicht nur nebelhaft, sondern stockduster.)

Was fehlt? Dreierlei, nämlich

1.) Motivation,
2.) Gefühl,
3.) die Fähigkeit zur Selbstreflexion.

Mit anderen Worten: damit »künstliche Intelligenz« wirklich zu Intelligenz wird, muss sie »künstliche Seele« werden und darf sich nicht auf den reinen Geist, auf die pure Kognition beschränken.

Wieso braucht man für Intelligenz Motivation? Und ist nicht das Gefühl eher der Feind der Intelligenz? Gefühl: das heißt doch Ärger und Angst, und in solchen Zuständen geht es doch bekanntlich nicht mehr so gut mit dem Denken.

Gut: das mit der Selbstreflexion lässt sich noch einsehen, diese kann die kritische Betrachtung der eigenen heuristischen Regeln betreffen. Aber die nicht-kognitiven Faktoren »Motivation« und »Gefühl«? – Und überhaupt: Dass bestimmte Denkprozesse, z. B. das logische Schließen, eine Art Berechnungsprozess ist, lässt sich noch einsehen. Aber Gefühle und Motive als Berechnungsprozesse in Computern? Der »gefühlvolle Computer«: das ist doch eine Contradictio in Adjecto. Gefühle gelten doch geradezu als das Gegenteil von Geist, als das »Irrationale«, welches einer »anderen Logik« folgt als die Ratio. Blaise Pascal hat im 17. Jahrhundert eine Rechenmaschine entwickelt um nachzuweisen, dass der *Geist* mechanisierbar sei (nicht aber das »Herz«).

Und Selbstreflexion im Computer? Wie soll denn das möglich sein? Dass wir uns selbst zum Objekt der Betrachtung machen können, ist uns selbst ein großes Rätsel; das zeigen die zahlreichen Kongresse und Publikationen zum Thema ›Bewusstsein‹ (siehe z. B. Metzinger, 1995).

Und bei dieser Informationslage Selbstreflexion im Computer? Ich werde in den folgenden Abschnitten zeigen, dass Gefühl und Motivation zur Erhöhung der Intelligenz tatsächlich in hohem Maße beitragen und dass sie im Computer möglich sind. Und ich werde auch zeigen, dass künstliche Wesen denkbar sind, die Selbstreflexion aufweisen (und damit auch über ein personales Selbst verfügen).

Computer und Motive

Computer handeln »ziellos«, weil sie keine Motive haben. Deep Blue freut sich nicht, wenn er gegen Kasparow gewinnt und er ärgert sich nicht, wenn er verliert. Es ist ihm auch nicht wurst! Es ist ihm gar nichts. Er rechnet halt seine Züge so vor sich hin. – Wir Menschen haben Motive. Diese Motive sind zurückzuführen auf Bedürfnisse. Welche Bedürfnisse haben wir? Und wieso spielen Bedürfnisse für die Intelligenz eine Rolle?

Was ist ein Bedürfnis? Und wie kann man sich Motive vorstellen? Nun ungefähr so, wie auf Abb. 1 dargestellt: Man sieht dort einen Kessel, der zum Teil mit einer Flüssigkeit gefüllt ist. Der »Kessel« ist natürlich nur eine Veranschaulichung eines akkumulierenden oder deakkumulierenden Speichers. Lebewesen brauchen beispielsweise Energie. Energie ist bei uns im Körper in zwei Formen gespeichert, einmal in der Form von Glukose und zum anderen in der Form von Fett. Sind diese Speicher voll, so ist es gut. Je mehr sich aber diese Speicher entleeren, desto größer wird das Energiebedürfnis, das wir gewöhnlich »Hunger« zu nennen pflegen.

Wie wird der Glukosespeicher aufgefüllt? Durch eine »konsummatorische Endhandlung«; den Verzehr von Zucker, Stärke oder Fett. Womit kann die konsummatorische Endhandlung stattfinden? Zum Beispiel mit einem Leberkäsebrötchen! Dieses ist eines der *Ziele*, das man anstreben sollte, wenn ein Energiemangel indiziert wird. Ziele werden bei höher entwickelten Lebewesen meist gelernt; die entsprechenden sensorischen Schemata werden mit dem »Kessel« verbunden, der diese Schemata aktiviert, wenn ein entsprechendes Bedürfnis sich zeigt. (Diese Voraktivierung eines Wahrnehmungsschemas bedeutet zugleich eine erhöhte Bereit-

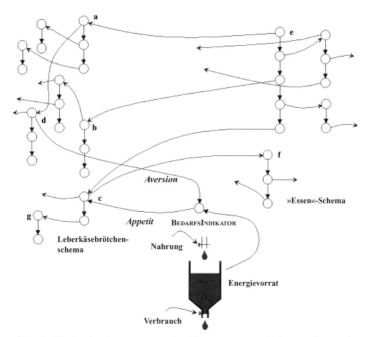

Abb. 1: Motive in einem neuronalen Netz von sensorischen und motorischen Schemata.

schaft, gerade Leberkäsebrötchen wahrzunehmen, also eine Aufmerksamkeitsausrichtung.)

Wenn ein Bedürfniskessel sich entleert, zeigt sich ein immer stärkeres Bedürfnis und eine immer stärkere Tendenz, zielführende Verhaltensweisen zu aktivieren. Was heißt das: Aktivierung zielführender Verhaltensweisen? Nun, das kann heißen, dass zielführende Verhaltensweisen aus dem Gedächtnis abgerufen werden oder aber dass *geplant* wird. (Und damit sind wir dann bei unseren KI-Systemen. Die planen auch, aber nicht bedürfnisgerichtet; ihnen wird vielmehr ein bestimmtes Ziel vorgegeben.) Ein bedürfnisgerecht planendes System ist gegebenenfalls in der Lage, seine Ziele zu wechseln und Sahneschnitten statt Leberkäsebrötchen anzustreben, wenn es solche nicht erhalten kann. Das bedeutet, dass das Planen flexibler wird als beim »bedürfnisfreien« Planen.

Energiespeicher brauchen Lebewesen wohl auf jeden Fall. Welche anderen Speichersysteme kommen bei Menschen vor? Welche

Bedürfnisse haben Menschen? Hunger, Durst, Sexualität, vielleicht noch Bindung (Affiliation) oder Aggression werden in der Motivationspsychologie gewöhnlich genannt. Für die Intelligenz eines Systems von großer Wichtigkeit sind die Bedürfnisse nach Bestimmtheit und Kompetenz (oder »Sicherheit« und »Macht«).

Bestimmtheit und Kompetenz: Wir haben ein Bedürfnis nach Bestimmtheit. Wir fühlen uns in einer Umgebung, die wir nicht voraussagen können, äußerst unwohl. Und wir haben ein Bedürfnis, diese Unbestimmtheit aufzuklären. Dafür explorieren wir, dafür sind wir »neugierig«. Wir versuchen, die Gesetzmäßigkeiten unserer Umgebung zu erfassen, also den »Bestimmtheitstank«, wenn er leer wird, zu füllen. Der »Bestimmtheitstank« wird durch »Bestimmtheitssignale« (B-Signale) angefüllt. Was ist ein B-Signal? Wenn eine Voraussage eintrifft, dann ist das ein B-Signal. – Der Bestimmtheitstank wird geleert durch Unbestimmtheitssignale (UB-Signale). Was sind UB-Signale? Ein UB-Signal ist z.B. eine Voraussage, die nicht eintrifft; aber auch ein neues oder unerwartet eintreffendes Ereignis ist ein UB-Signal. UB-Signale lösen spezifische Verhaltensweisen aus, die Berlyne »spezifische Exploration« nennt; man spielt mit den unbekannten Objekten, betrachtet sie genau, experimentiert mit ihnen. Ein System mit einem Bedürfnis nach Bestimmtheit ist sensibel für UB-Signale; diese führen zu Explorationsverhalten und damit dazu, dass sich ein System seine Umwelt aktiv aneignet und selbständig vertraut macht. (Das alles braucht nicht bewusst zu geschehen; die »Voraussagen«, von denen ich oben gesprochen habe, können unbewusste Erwartungen sein, von deren Existenz ich erst dann etwas bemerke, wenn ich einen Schreck bekomme, weil etwas »Unerwartetes« sich ereignete.)

Nun zum Kompetenzbedürfnis: Die Suche nach Kompetenz bedeutet die Suche nach »Bewältigungsmethoden«. Dies geschieht dadurch, dass ich der Umwelt und mir selbst zeige, dass ich in der Lage bin, etwas zu machen – und sei es nur, dass ich aus Brötchenteig Püppchen formen kann während eines langweiligen (also die Kompetenz annagenden) Telefongesprächs. Oder ich forme aus dem Teig Schachfiguren, um dann auf einem karierten Bettlaken Schach zu spielen, wie der Protagonist der »Schachnovelle« von Stefan Zweig. – Ein absinkender Pegel im »Kompetenztank«

führt auch zu einer spezifischen Form von Exploration, die Berlyne (1974) diversive Exploration nennt. Sie besteht darin, dass man Unbestimmtheit sucht, auf »Abenteuer« ausgeht, um sich so in fremden Umgebungen zu bewähren. Und dabei kommt es natürlich auch zu spezifischer Exploration und man eignet sich fremde Realitäten an. Das Bedürfnis nach Kompetenz ist ein »transgressives« Bedürfnis, welches über die normale Lebenswelt hinausgeht und ein System dazu bringt, sich immer wieder ins Unbekannte zu wagen.

Kompetenz- und Bestimmtheitsbedürfnis sind »kognitive« Bedürfnisse. Sie erzeugen ein Bestreben nach der Exploration immer neuer, zunächst unbekannter Realitätsbereiche. Ein System, welches neben seinen existentiellen Bedürfnissen auch mit diesen Bedürfnissen ausgestattet ist, wird in kurzer Zeit viel mehr und viel Differenzierteres über seine Umwelt wissen und auch die Verhaltensweisen besser kennen, die in den verschiedenen Teilen seiner Umgebung erfolgreich sind, als ein Lebewesen, welches nicht über diese Bedürfnisse verfügt. (Auf der anderen Seite lebt ein solches Wesen auch gefährlicher als ein Wesen ohne diese Bedürfnisse! Das ist der Preis, der für die wachsende Erkenntnis zu entrichten ist.) – Voraussetzung für eine gelingende Exploration mit der entsprechenden Realitätsaneignung ist natürlich ein differenziertes Wahrnehmungs- und Handlungssystem, differenzierte Augen und Ohren und differenzierte Greif- und Manipulationssysteme.

Das Bestimmtheits- und das Kompetenzbedürfnis hängen eng mit dem Bedürfnis nach Ästhetik zusammen: »Dass die Wohlgefälligkeit um so mehr wächst, ein je intensiveres oder deutlicheres Gefühl der Einheit sich durch eine je größere Mannigfaltigkeit durch erstreckt«, meint Fechner (1925, S. 76).

Dies bedeutet, dass das Wohlgefallen an einem Kunstwerk oder an einem anderen ästhetischen Objekt umso mehr anwächst, in je größerem Maße Ordnung, Regelhaftigkeit und Harmonie in einem zunächst ungeordnetem, chaotisch erscheinendem Gebilde entdeckt werden kann. Ein Kunstwerk ist – zunächst – rätselhaft. Die ästhetische Freude ist die Freude an der Aufklärung der Rätselhaftigkeit durch das Herausfinden der »Lösungen«. Und die Freude an dem Umgang mit Kunst ist zurückzuführen auf die Lust, die durch die Beseitigung von Unbestimmtheit entsteht.

Bestimmtheit und Kompetenz als Motive: Wenn Sie ein wirklich autonomes System haben wollen und nicht nur ein System, welches seine Algorithmen abhaspelt, dann brauchen Sie ein motiviertes System, ein System, welches einmal darauf aus ist, sich in seiner Existenz zu halten und darüber hinaus ein System, welches ein Bedürfnis nach Bestimmtheit und ein Bedürfnis nach Kompetenz hat. Wenn Sie das haben, haben Sie einen ganz anderen Schachautomaten als Deep Blue. Ein selbständig explorierendes System, das spielt, weil es sich selbst seine Kompetenz beweisen muss, kommt auch auf die Idee, am Schachtisch zu wackeln, um Sie zu ärgern.

Computer und Gefühle

Nicht nur Motive sind wichtig für »wirkliche« Intelligenz, sondern auch Gefühle. Was ist das: ein Gefühl? Und wie kann man sich ein Gefühl als Berechnungsprozess vorstellen?

Das Gefühl ist im Moment in der Psychologie wieder »in«. Damasio (1997) argumentiert gegen die Zweiteilung von Verstand und Gefühl: »Der Verstand ist immer ganz stark vom Gefühl durchdrungen und man muss das Gefühl einfach mit einbeziehen, sonst versteht man auch den Verstand nicht.« Und Goleman (1997) setzte den Begriff »emotionale Intelligenz« in die Welt; auch dieser Begriff besagt, dass man, wenn man über Intelligenz spricht, die Emotionalität nicht ausklammern kann.

In der Umgangssprache und der Alltagspsychologie hat der Begriff Gefühl verschiedene Bedeutungen: Manchmal bezeichnet er eine unklare, kaum bewusste Kognition, etwas, was man oft »Intuition« nennt, eine Erkenntnis, deren Herkunft und Hintergrund man nicht kennt. »Ich hab das Gefühl, er kommt nicht mehr!«, wäre ein Beispiel für eine entsprechende Äußerung. Oder Gefühl bezeichnet ein instinktives Verhalten, etwa das Fluchtverhalten bei Angst oder Furcht. Oder Gefühl als Motiv. »Ich hab so ein Hungergefühl.« Oder Empathie als Gefühl. »Sie ist so gefühlvoll!«, und das heißt dann, dass »sie« sich gut in andere Menschen hineinversetzen kann, »mitfühlend« ist (wobei dies »Mitfühlen« durchaus ein »Mitdenken« sein kann).

Fünf oder mehr ziemlich verschiedene Bedeutungen des Begriffs Gefühl in der Umgangssprache machen es notwendig, sich zunächst ~~einmal~~ festzulegen, genau zu definieren, was man mit »Gefühl« nun eigentlich meinen soll, wenn man über Gefühl und Intelligenz redet.

Wir wollen unter »Gefühl« die Einbettung der menschlichen Handlungsregulation, die Einbettung auch der kognitiven Prozesse in ein Gefüge von Modulationen und Handlungstendenzen verstehen, die ihrerseits lageorientiert ist. Gefühle basieren auf »Lageberichten«, modulieren kognitive Prozesse in bestimmter Weise und legen bestimmte Handlungstendenzen nahe. Und die verschiedenen Bedeutungen verbieten, dass man »einfach so« von Gefühl redet. Das klingt kompliziert und etwas mystisch, aber es ist – wie ich meine – ganz einfach zu verstehen.

Was meine ich mit Lagebericht? Letzten Endes das Empfinden von Bestimmtheit (oder Unbestimmtheit) und Kompetenz, also den Zustand des im letzten Abschnitts genannten Kompetenz- und Bestimmtheitskessel. Die Füllungsgrade dieser Kessel enthalten ja in der Tat einen sehr allgemeinen »Lagebericht« über die Beziehung eines Menschen zu seiner Umwelt. Ist der Bestimmtheitskessel leer, dann heißt das, dass die Welt unvoraussehbar ist. Also ist Vorsicht angesagt. Und wenn der Kompetenzkessel leer ist, dann bedeutet das, dass ich nicht in der Lage bin, Probleme zu bewältigen.

Ein leerer Bestimmtheits- *und* ein leerer Kompetenzkessel ist subjektiv das, was man gewöhnlich als »Angst« bezeichnet. Die Welt ist unvoraussehbar und zusätzlich sind die nicht voraussehbar auftauchenden Probleme nicht zu bewältigen.

Abb. 2 zeigt die Einbettungen von Modulationen und Verhaltenstendenzen in das System der »Lageberichte«. Man sieht hier die »Kessel«, die durch Effizienz- und Bestimmtheitssignale gefüllt und durch Unbestimmtheits- und Ineffizienzsignale entleert werden. Und daran hängen dann die »Motivatoren«, die die Verhaltenstendenzen und die Modulationen auslösen.

An den »Lageberichten« hängen nun bestimmte Verhaltenstendenzen und Modulationen. Ein leerer Bestimmtheitskessel regt »Sicherungsverhalten« an; man untersucht die Umgebung stän-

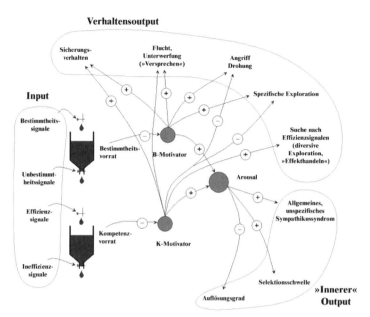

Abb. 2: Gefühle als durch »Lageberichte« ausgelöste Modulationen und Verhaltenstendenzen.

dig nach möglicherweise auftauchenden Gefahren. Außerdem werden Fluchttendenzen voraktiviert und auch, je nach Füllungsgrad des Kompetenzkessels, Explorationstendenzen; genauer: Tendenzen zur *spezifischen* Exploration. – Ein leerer Kompetenzkessel löst Tendenzen zur *diversiven* Exploration aus, generell die Tendenz, sich »irgendwie« zu bewähren. Und das kann auch Aggression bedeuten; die Zerstörung von etwas ist die einfachste Form, sich selbst und anderen zu zeigen, dass man Gewalt über die Dinge hat.

Die Lageberichte modulieren außerdem bestimmte Parameter des psychischen Geschehens. Ein leerer Bestimmtheits- oder Kompetenzkessel bedeutet viel »Arousal«, einen hohen Erregungszustand, mit schnellem Herzschlag, hohem Muskeltonus, hohem Bereitschaftszustand der Sinnesorgane. Außerdem sinkt der *Auflösungsgrad* beim Wahrnehmen und beim Denken. Man nimmt nur noch grob wahr, verwechselt dadurch Dinge, plant nicht sehr weit und handelt dementsprechend »kurzsichtig« und riskant, aber schnell!

Außerdem steigt mit hohem »Arousal« gewöhnlich die Selektionsschwelle. Die Selektionsschwelle bestimmt die Konzentration auf eine Absicht. Ist die Selektionsschwelle hoch, dann muss eine konkurrierende Absicht eine hohe Schwelle überschreiten, damit sie die zur Zeit handlungsleitende Absicht aus ihrer Stellung verdrängen kann. – Das klingt sehr abstrakt: Denken Sie konkret aber einmal an jemanden, der sich ärgert. Der ist gewöhnlich kaum ablenkbar.

Wenn wir nicht wissen, was geschehen wird, wir aber glauben, es bewältigen zu können, dann haben wir keine Angst. Sondern finden es spannend. Und dafür bezahlen wir sogar beim Bungeejumping oder für die Achterbahn. Viele Freizeitvergnügen liefern (scheinbar) Unbestimmtheit, ich weiß nicht genau, was geschehen wird, ich weiß nicht, was mir bevorsteht, aber ich weiß, es wird gut gehen. Es ist bewältigbar.

Ich habe jetzt geschildert, wie man Gefühle berechnen kann. Wie Kompetenz und Bestimmtheit berechnet werden und wie sich daraus Verhaltenstendenzen und interne Modulationen ergeben. Bestimmte Abläufe, die sich so ergeben, belegen wir mit Wortmarken wie Angst, Ärger, usw. Solche Regulationen kann man nun auch in einem Computer realisieren, der dann entsprechende Gefühlsregungen aufweist. Dies aber führt dazu, dass er seine Planungsprozesse, seine Wahrnehmung, seine Gedächtnissuche an die Verhältnisse anpasst. Er plant kurz, nimmt grob wahr, wenn es schnell gehen muss, plant dagegen ausgiebig, sieht genau hin, wenn er Zeit hat. Die Regulationen aufgrund der »Lageberichte« erzeugen Explorationsabsichten, wenn die Unbestimmtheit groß ist, oder diversive Explorationstendenzen bei absinkender Kompetenz.

Computer und Selbstreflexion

Der Golem kann nicht sprechen! Vielleicht soll das ein Hinweis auf die eingeschränkte Intelligenz des Golems sein; man kann ihm Befehle geben, ihm ein bestimmtes Arbeitsprogramm vorgeben – und das kann er abspulen. Aber er kann nicht selbständig denken. Die Fähigkeit nämlich, auch das eigene Denken, die heuristischen Prozeduren selbst zu gestalten, ist an die Sprache gebunden, so mein-

*) Insbes. Fuzzy logic ist dafür gut brauchbar

te es schon Aristoteles (»Über die Seele«, III. Buch); nur diejenigen Wesen haben einen aktiven Geist, die sich mit sich selbst »beratschlagen können«.

Ich möchte nun auf die Fähigkeit zur *Metareflexion* eingehen, auf die Fähigkeit der Menschen, das eigene Denken zum Objekt der Betrachtung machen zu können. Diese Fähigkeit hat der Philosophie große Rätsel aufgegeben. Wie kann ein System sich selbst zum Objekt der Betrachtung machen? Muss es da nicht ein anderes System geben, welches eben das erste System betrachtet? Und wenn man darüber nachdenkt, wie man über sich selbst nachdenkt? Muss es da nicht noch ein drittes System geben, welches wiederum das zweite betrachtet und das zweite betrachtet das erste? Wie ist ein solches, prinzipiell unendlich geschachteltes System möglich?

Meines Erachtens zeigt die Analyse des Problems, dass ein solches System recht einfach realisiert werden kann. – Wenn wir etwas tun, Tee trinken, unser Frühstücksbrötchen essen, die »Goldbergvariationen« hören, wird ein fortlaufendes (vielleicht aber oft grobes und lückenhaftes) Gedächtnisprotokoll unserer Tätigkeit angelegt.

Deshalb kann sich jeder von Ihnen wahrscheinlich daran erinnern, was er heute zum Frühstück getrunken hat, vielleicht auch *wie viele* Tassen Kaffee das waren. Und ob er Zucker in den Kaffee getan hat oder nicht. Sie können Ihren Tageslauf rekonstruieren, wahrscheinlich auch noch den von gestern oder den von vorgestern; den von »vorvorgestern« wahrscheinlich schon weniger; je weiter Sie in die Vergangenheit zurückgehen, desto blasser wird das Protokoll, desto mehr zerfällt es in einzelne Erinnerungsinseln.

Also: Protokoll. Ein Protokollgedächtnis ist schon bei Tieren wichtig. Ein Hund muss sich in einem unbekannten Gelände merken, welche Landmarken er passiert hat, damit er wieder zurückfindet.

Aber in dem Protokoll steckt mehr als nur die Information über die Vergangenheit. Wenn wir unser Schachspiel protokollieren und uns (mehr oder minder grob) daran erinnern können, wie wir geplant haben, worauf wir unsere Aufmerksamkeit gerichtet haben, so haben wir Informationen über das Wie unseres Denkens. »Ich habe eigentlich immer nur vorwärts geplant, mir keine Ziele gesetzt, hauptsächlich ›opportunistisch‹ reagiert.« Das kann ich aus dem Protokoll ersehen. Mit dieser Erinnerung aber habe ich die Basis zur Selbstmodifikation; ich kann mein zukünftiges Schachspiel ändern. Ich kann über mich selbst nachdenken, indem ich mich selbst (in der Gestalt des Protokolls) zum Objekt der Betrachtung mache. (Und diese Selbstbetrachtung landet in einem neuen Protokoll und kann so selbst wieder zum Betrachtungsobjekt gemacht werden.) – Wie betrachte ich mich selbst? Indem ich das Protokoll rekapituliere, seine Bestandteile analysiere, die Kausalität der Bestandteile zu erfassen versuche (»Warum habe ich denn so opportunistisch, eigentlich ziellos, gespielt?«) und auf diese Weise die Struktur meines Denkens und die Bedingtheit dieser Struktur erfasse.

Es ist ein kleines Stück Bewusstsein von mir selbst, das ich auf diese Weise gewinne. Ich weiß etwas von mir selbst und ich kann dieses Wissen verwenden, um mich selbst, zumindest die Art, wie ich Schach spiele, zu ändern. – Diese Selbstbetrachtung geht, wie wir alle wissen, über die Sprache; ich spreche mit mir selbst über mich selbst, stelle an mich selbst Fragen über die Hintergründe meines Denkens, beantworte sie und gewinne so die Möglichkeit, mich selbst zu ändern.

Und diese Protokollbetrachtung ist einem Tier nicht möglich. Ein Tier kann das Protokoll »passiv« wieder abrufen, wir dagegen können es analysieren. Und wir machen das auch ständig. Die Protokollrekapitulation und -analyse begleitet unseren Alltag. Wir fragen uns: »Moment, warum hat der mich eben so blöd angeguckt?« – »Wer ist denn das da, den kennst du doch irgendwo her?« – »Moment: heute morgen hatte dir doch deine Frau noch den Auftrag gegeben, ein Buch mitzubringen. Welches?«

Wir reflektieren uns – häppchenweise – ständig. Indem wir das tun, verstärken wir das Protokoll, es wird vergessensresistenter. Wir gewinnen auf diese Weise »Vergangenheit«. Und mit dieser Vergangenheit verfügen wir über ein Selbstbild und über die Voraussetzungen, uns selbst zu ändern.

Wenn wir uns in diesem Zustand der ständigen, häppchenweise geschehenden Rekapitulation und Analyse unseres Protokolls befinden, dann sind wir bei Bewusstsein. Wir können uns dann selbst analysieren. Und uns damit auch selbst bestimmen, uns ändern. Wir haben einen freien Willen. (Der hat mit Indeterminiertheit nichts zu tun, sondern besteht darin, dass wir in der Lage sind, uns zu »redeterminieren«. Der freie Wille ist der *be-freite* Wille oder das *be-freite* Motiv. Die Voraussetzung dafür ist, dass ich mir über meine Motive Gedanken machen kann, sie gewichten und umarrangieren kann, mich redeterminieren kann, mich befreien kann von bestimmten Handlungstendenzen, die ohne diese Denkakte einfach nur wirken würden. Auf diese Weise kann ich über mein Rauchen nachdenken und kann beschließen, das Rauchen aufzugeben. – Mark Twain meinte einmal: »Na ja, das Rauchen aufzugeben, ist sehr leicht, ich habe es schon tausend Mal gemacht.« – Na also!)

Quod sequitur

Künstliche Seelen gibt es in Ansätzen. Wir haben bei uns im Institut das Psi-System konstruiert und bauen es ständig weiter aus. Es verfügt über Motive, auch über ein Bestimmtheits- und Kontrollmotiv und damit auch über Gefühle in dem Sinne, wie ich sie oben charakterisiert habe. Die Erweiterung der KI zur »wahren Intelligenz« erscheint machbar. (Wir haben noch keine Systeme, die in der Lage sind, sich selbst zu reflektieren, sind aber auf gutem Wege dahin, wie wir meinen.) »Seelen aus der Retorte«, künstliche Wesen mit eigener Motivation, einem Selbstbild, eigenem Willen und der Fähigkeit, über sich selbst nachzudenken, erscheinen möglich. Ich sehe im Augenblick keine Grenzen für ihre Entwicklungsmöglichkeit.

Nun stellen sich natürlich verschiedene Fragen: Wird man das machen? Wird man solche künstlichen Wesen entwickeln? Man wird! Warum? Auf diese Frage gibt es (mindestens) drei Antworten:

1.) Man wird »künstliche Seelen« bauen, weil man sie braucht. Man braucht »autonome Agenten«, man braucht Systeme, die nicht so unselbständig intelligent sind wie unsere heutigen Computer, man braucht Systeme, die selbständig handeln können. Man braucht beispielsweise solche Systeme in der Weltraumfahrt, Systeme also, die nicht wie Sejourner auf dem Mars acht Minuten auf ein Funksignal warten müssen, um dann entsprechend der Funkbefehle aktiv zu werden. Man braucht hier Systeme, denen man ganz generell irgendwelche Forschungsziele (besser Forschungsbedürfnisse) vorgibt und die dann selbständig agieren. Man braucht selbständige Rettungsfahrzeuge, also solche Systeme, denen man z. B. bei einer Erdbebenkatastrophe nicht genau sagen muss, was sie zu tun oder zu lassen haben, sondern die selbst entscheiden können, was sie tun oder lassen. – Nicht verschweigen sollte man den militärischen Bereich. Die Idee, statt Menschen irgendwohin zu schicken und erschießen zu lassen, »künstliche Infanteristen« zu bauen, die eine gewisse Eigenständigkeit haben, liegt nur allzu nahe und es würde mich sehr wundern, wenn solche Forschungen nicht im Gange wären. (Und spätestens hier sollte es einem unheimlich werden!) – Die Tatsache, dass autonome Systeme für verschiedene Zwecke nützlich sein können, ist ein Grund, warum man solche autonomen Systeme in verschiedenen Graden der Autonomie bauen wird.

2.) Man wird »künstliche Seelen« bauen, weil wir im Versuch, psychische Prozesse nachzubauen, uns selbst besser verstehen. Wir haben Systeme entworfen, deren Verhalten in weiten Bereichen vom menschlichen Verhalten nicht mehr unterscheidbar sind. Wir haben damit den Menschen besser verstanden. Wir haben besser verstanden, warum Menschen in bestimmten Situationen Fehler machen, und was man vielleicht tun kann, um diese Fehler zu vermeiden. Und in der Beziehung besteht eine ganze Menge an Handlungsbedarf. Den Menschen sollte man erheblich besser kennen, als es bislang der Fall ist. Was man nachbauen kann, hat man verstanden. – Es folgt noch anderes aus diesem Verständnis. – Wir versuchen z. B., unsere Systeme als neuronale Netze zu realisieren, d. h. wir versuchen, künstliche Neuronennetze zu bauen, in denen Wahrnehmungs-, Erinnerungs-, Gefühlsprozesse usw. ablaufen. Durch solche Arbeiten erhält man Hypothesen darüber, wie – vielleicht – unser Gehirn bei den entsprechenden Vorgängen arbeitet. Daraus aber könnte man Annahmen darüber ableiten, wie man künstliche und natürliche Hirnprozesse koppeln kann und daraus ergibt sich unmittelbar die Möglichkeit einer »Neuroprothetik«,

(*) Man hat dann zumindest ein funktionales Modell unseres Verhaltens, obgleich man nie sicher sein kann, dass wir in unserer "Essenz" (Implementation) unserem Modell ebenfalls entsprechend (vgl. Einsteins Gleichnis vom Universum und der Taschenuhr.)

also die Möglichkeit, untergegangenes Gehirngewebe durch künstliches zu ersetzen. In kleinem Bereich, im Bereich der Wahrnehmung, gibt es ja so etwas schon; es gibt neuronale Prothesen für das Innenohr und man arbeitet an der künstlichen Retina. Vielleicht ergeben sich aus den Versuchen, auch »höhere« Steuerungsprozesse neuronal nachzubauen, Ideen für die Gestaltung von Neuroprothesen für kognitive Prozesse.

3.) Und schließlich: Die Garantie dafür, dass man versuchen wird, solche Systeme zu konstruieren, und dass man »künstliche Seelen« bauen wird, wenn man es kann, liegt in der menschlichen Neugier. Es gibt viele Leute, die die Aufgabe, die Geheimnisse der Psychologie aufzuklären, einfach spannend finden. Und Neugier ist ein ziemlich starkes Motiv.

Was wird dadurch aus dem Menschen? Verlieren wir etwas, wenn es einmal »künstliche Seelen« geben wird? Verlieren wir Stolz, Hoffnung, Trauer, Liebe, Freude? Natürlich nicht; wie denn? – Selbst wenn sich aus diesen Forschungen ergibt, dass wir »Maschinen« sind (woran, nicht erst seit heute, sowieso viele Menschen nicht zweifeln), ergibt sich ja daraus nicht, dass wir uns in Zukunft gefälligst als Staubsauger oder als Küchenquirl zu fühlen haben. – Zwischen diesen simplen Maschinen, die wir normalerweise »Maschine« nennen, und der ungeheuren Komplexität und der raffinierten Verschaltung der Maschine, die wir »Seele« nennen, liegen Welten.

Eine Maschine ist ein System, welches nach bestimmten Regeln funktioniert und nicht vom Zufall oder anderen, nicht fassbaren Kräften abhängt. Wir Menschen können – man erinnere sich an die Ausführungen über die Selbstreflexion – diese Regeln zum Teil aufheben oder ändern. Die Fähigkeit zur Selbstredetermination liegt in unserer »Maschinenhaftigkeit« und deshalb gibt es gar keinen Grund, die »Maschinenhaftigkeit« zu bedauern. Dem Menschen wird dadurch nichts genommen, keine Freiheit, keine Verantwortlichkeit, nicht der Anspruch auf Würde. – Im Gegenteil: Wir können nur gewinnen aus einer besseren Erkenntnis unserer selbst. Wir erkennen besser, warum wir mitunter zu Zornanfällen neigen oder zur Grausamkeit. Und wenn man erkennen kann, kann man auch ändern.

Literaturhinweise

Berlyne: Konflikt, Erregung, Neugier. Stuttgart: Klett-Cotta, 1974.
Bern, Marshall W. & Graham, Ronald L.: Das Problem des kürzesten Netzwerks. Spektrum der Wissenschaft 3/1989, S. 78–84.
Damasio, A. R.: Descartes' Irrtum. München: dtv, 1997.
Fechner, G. Th.: Vorschule der Ästhetik. Leipzig: Avenarius, 1925.
Goleman, D.: Emotionale Intelligenz. München: dtv, 1997.
Joy, B.: Warum die Zukunft uns nicht braucht. Frankfurter Allgemeine Zeitung, 6.6.2000, S. 49 ff.
Klaus, G.: Wörterbuch der Kybernetik. Berlin: Dietz Verlag, 1968.
Kozielecki, J.: Transgressive Decision Making. A Study of Personal and Social Change. Warschau: Department of Psychology, 1987.
Kurzweil, R.: Homo Sapiens. Leben im 21. Jahrhundert. Was bleibt vom Menschen? Berlin: Ullstein Taschenbuch-Verlag, 1999.
Metzinger, Th.: Conscious Experience. Paderborn: Schöningh, 1995.
Pomerance, Carl: Primzahlen im Schnelltest. Spektrum der Wissenschaft 2/1983, S. 80–92.

---

*) vgl. dazu Umberto Eco: „Die erste Pflicht der Intellektuellen: Zu schweigen wenn sie nichts zu sagen haben" (bzw.: „zu schweigen wenn sie zu nichts nützen"). Dt. Übersetzung in: Umberto Eco: Derrick Oder die Leidenschaft für das Mittelmaß. dtv, 2002.

MICHAEL HAMPE
HUMANWISSENSCHAFTLICHE AUFKLÄRUNG
EINLEITUNG ZUM VORTRAG VON MANFRED SPITZER

In populärwissenschaftlichen Texten gerät die Philosophie gelegentlich in einen vermeintlichen Reaktions- oder Zugzwang. Dies geschieht, indem zuerst ein falsches oder vereinfachendes Bild einer bestimmten wissenschaftlichen Entwicklung geliefert wird, etwa in letzter Zeit der Gentechnologie oder der Neurobiologie, und dann von der Philosophie erwartet wird, auf dieses falsche Bild zu reagieren.

Wenn Philosophen sich, wie sie es idealer Weise tun sollten, selbst über den Forschungsstand in den Wissenschaften informieren und dann feststellen, dass zunächst die Problemlage geklärt werden muss, um die offenen Fragen sachkundig bearbeiten zu können, dann wird der Philosophie oft vorgeworfen, sie habe nichts zu den aktuellen Problemen zu sagen. Sofern die aktuellen Probleme die sind, die auf Missverständnissen der Wissenschaften beruhen, kann im Namen der Philosophie nur gesagt werden: »Gut, dass die Philosophie zum öffentlichen Bild eines bestimmten wissenschaftlichen Problems vielleicht nichts sagt, dass die ›Schnelldenker‹ in unserer Disziplin in der Minderzahl sind.« Denn eine Aufgabe und ein Recht der Philosophie ist es, sich selbst ein Verständnis wissenschaftlicher Problemlagen zu verschaffen und einen Beitrag zum öffentlichen Bild zu leisten. Die Philosophie ist *nicht* Problemlöserin vom Dienst für an sie herangetragene Aufgaben. Sondern sie ist im Thematisieren von Problemen und in der Einschätzung ihrer öffentlichen Relevanz durchaus selbständig.

Nun ist der philosophische Nachvollzug von wissenschaftlichen Problemen im Sinne einer rationalen Rekonstruktion meist langsam. Erst jetzt entstehen beispielsweise ausgereifte Theorien des wissenschaftlichen Experimentes. Wer weiß, wie lange es dauern wird, bis wir nach den Standards transparenter philosophischer Beschreibung sagen können, was eine Simulation ist oder was wir tun, wenn wir eine Computersimulation menschlicher Geistesprozesse durchführen. Von der Philosophie zu verlangen, sie müsste schneller arbeiten, bedeutet, von ihr zu verlangen, sie sollte ihre eigenen Standards der Gründlichkeit und begrifflichen Differenziertheit aufgeben. Ohne diese Standards ist es jedoch nicht möglich, eine selbständige Einschätzung wissenschaftlicher Problemlagen hervorzubringen und ihre Relevanz für die Öffentlichkeit zu beurteilen.

Die elegische Frage »Was bleibt vom Menschen?« ist, wenn man sie mit den Standards philosophisch ausgearbeiteter Begrifflichkeiten betrachtet, eigentlich eine unsinnige. Denn sie scheint zu suggerieren, es hätte ein Wesen des oder Wissen vom Menschen gegeben, das uns jetzt verloren zu gehen droht. Die Frage ist unangemessen, sofern wir das »Was bleibt vom...?« so verstehen wie bei der Betrachtung unseres Gehaltskontos: »Was bleibt von meinem Geld nach Abzug der Steuern?« Aber ist es sinnvoll zu glauben, dass es einmal ein *reiches* Menschenbild gegeben hat, von dem etwas »abgezogen« wird und das jetzt *verarmt*?

Es gibt eine Tradition des Nachdenkens über den Menschen, die man mit Namen wie Hobbes, Spinoza und Lichtenberg kennzeichnen kann und die auch »Schwarze Aufklärung« genannt worden ist. Dieser Tradition ist sowohl die Gattung der Menschen wie auch das vermeintliche Wissen über den Menschen höchst verdächtig. Warum? Weil die Vertreter der »Schwarzen Aufklärung« der Meinung waren, dass die Unwahrheit, der Drang zu täuschen, für Menschen nirgends größer ist als dort, wo sie über sich selbst sprechen, sei es als Individuen oder als Gattung. Für diese philosophische Tradition stellen die Wissenschaften vom Menschen keine Bedrohung dar, die zu einer Verarmung des Menschenbildes führen könnte, sondern eine Chance, sich von Illusionen und Selbsttäuschungen zu befreien.

Öffentliche Problemstellungen, die davon ausgehen, dass durch die Neurowissenschaften, die Computerwissenschaften, die Psychologie oder die Genetik der Mensch ›reduziert‹ würde, setzen von vornherein voraus, dass alle Beschreibungen des Menschlichen wahr sind, die reich und für uns selbst vielleicht angenehm sind und denen gegenüber wissenschaftliche Erkenntnisse als reduktiv erscheinen. Vielleicht wird in diesem Zusammenhang auch häufig vorausgesetzt, wir wüssten unmittelbar aus Selbsterfahrung

Essentialismus vs. Funktionalismus

und Erfahrung unserer Mitmenschen, was das Menschliche oder der Mensch ist, und dass alles, was davon abweicht, uns davon wegführt, eine *Selbstentfremdung* darstellt.

Unsere Neigung zur Selbsttäuschung ist jedoch die größte von allen Neigungen zur Täuschung. Vermutlich täuschen wir uns über uns selbst lieber und häufiger als über andere Menschen. Deshalb sollten wir auch nicht zu viel Vertrauen in die vermeintliche unmittelbare Selbsterfahrung legen. Wir sind auf eine distanzierte Sicht von uns selbst angewiesen, wie sie am ehesten durch die so genannten positiven oder experimentellen Wissenschaften unserer Zeit garantiert wird. Weil sich die modernen Wissenschaften als das beste Mittel gegen Täuschung in sehr vielen Bereichen erwiesen haben, sollten wir ihnen auch vertrauen, wenn wir ein Interesse daran haben, Selbsttäuschungen über das Menschliche loszuwerden. Die objektivierbaren Standards der Wissenschaft, die sich vor allem in experimentellen Verfahren und in logischen Theoriestrukturen niederschlagen, haben sich in der bisherigen Geschichte der Wissenschaften als wirkungsvolles Mittel der Desillusionierung erwiesen. Sollten wir ihnen nicht auch als ein Mittel der Desillusionierung von den falschen Bildern vertrauen, die wir uns von uns selbst machen?

Die Kritik an der Unterscheidung von Erscheinungen und bloßen Phänomenen auf der einen und vom Wesen und »An sich« auf der anderen Seite, gehörte einmal zum Programm der modernen Erfahrungswissenschaften. Wenn wir diese Erfahrungswissenschaften als Wissenschaften vom Menschen philosophisch ernst nehmen, dann müssen wir uns fragen, wie wir den Menschen ohne diese Differenzierung erforschen können. Populäre Darstellungen wollen die positiven Wissenschaften häufig auf Wesenserkenntnis festlegen. Wir sollten jedoch nicht in einen neurologischen oder genetischen Essentialismus verfallen und einen Teil unserer Selbst für das Ganze halten. Sensationsmeldungen, die verkünden, Neurowissenschaftler hätten das Wesen des Menschen irgendwo im Gehirn, Genetiker irgendwo in der DNS entdeckt, sind »metaphysische Enten«; solche Mitteilungen, die gerade *nicht* aus dem philosophischen Geist der Aufklärung entspringen, denn der entsagt der Wesenssuche.

Damit soll die Sonderrolle beispielsweise des Gehirns oder auch des Genoms im menschlichen Leben und der menschlichen Fortpflanzung nicht bestritten werden. Für das Gehirn scheint zu gelten, dass es eine Art monadologische Funktion hat. Es scheint alles, was sich im Körper und auch sozial um einen Menschen herum tut, irgendwie »zu spiegeln«. Aber deshalb wird es nicht zu unserem Wesen. Menschen sind weder Hirnwesen noch Genwesen. Vom Menschen gilt, wie von allem: »Everything is what it is and no other thing«. Niemals macht der Teil eines Dinges sein Wesen aus. Das Wesen des Tisches ist nicht das Tischbein, das Wesen der Lampe ist nicht die Birne, das Wesen des Autos ist nicht der Motor. Etwas über die Bedeutung des Gehirns für das menschliche Leben zu erfahren und etwas über die Bedeutung der Gene für die menschliche Fortpflanzung zu erkennen, bedeutet daher nicht, etwas über das Wesen des Menschen herauszubringen, sondern eine immer differenziertere Beschreibung seiner körperlichen Struktur zu erzeugen.

Herr Dörner wie Herr Spitzer sind Wissenschaftler, die in ihren experimentellen Verfahrensweisen, so unterschiedlich sie sein mögen, in der Tradition der Aufklärung stehen. Als Humanwissenschaftler dürfen wir von ihnen erhoffen, dass sie uns ein Stück weit von den Illusionen befreien, die wir uns von uns selbst bilden.

Das Streben nach möglichst illusionsfreier Selbsterkenntnis kann einerseits sicherlich ein Selbstzweck sein. Es ist jedoch auch Voraussetzung für ein angemessenes moralisches und pädagogisches Verhalten. Neurologisch fundierte Einsichten wie die, dass das Lernen in kurzen, intensiven Phasen eher Früchte trägt als langes Pauken, wie sie Spitzer in »Geist im Netz« darstellt (»Sechsmal zehn Minuten täglich Klavier üben ist besser als einmal eine Stunde am Stück«, S. 222), sind zweifellos für die Pädagogik von Bedeutung. Die Einsicht, dass Menschen in Wahnzuständen wirklich auch neurologisch krank sind, ihre neuronalen Verschaltungen Eigenheiten zeigen, mag unser moralisches Verhalten zu ihnen verändern, das in vielen Fällen im Vergleich zu Personen mit »klassischen« somatischen Störungen wie Herz- oder Magenkranken zu wünschen übrig lässt.

„Neuempirismus"

Am wichtigsten scheint mir jedoch die Erkenntnis, dass *alle* unsere Wahrnehmungen und Handlungen unser Gehirn verändern, indem sie kleine Spuren hinterlassen, und dass wiederholte Wahrnehmungen und Handlungen weitreichende Veränderungen nach sich ziehen. Anthropologien, die davon ausgehen, dass wir als Personen wesentlich von unseren Körperzuständen *verschieden* sind, dass wir uns als Geistwesen von ihnen sollten distanzieren können, unterschätzen wohl die Konsequenzen, die Wahrnehmungen und Handlungen für unser Geistesleben haben können. Wenn eine reizarme Umwelt oder Gewaltfernsehen in der Kindheit mehr oder weniger irreversible neurologische Prozesse in Gang setzen oder Strukturen prägen, die dann zumindest ein Teil der fühlenden und handelnden Personen sind, sollte man nicht ohne weiteres erwarten, dass Personen, die solches erlebt haben, in der Lage sind, sich von ihren »physisch eingegrabenen« Erfahrungen zu distanzieren. Diese Einsicht könnte zu einer Bewusstseinsänderung hinsichtlich der *Relevanz* unserer Erfahrungen führen. Zerstreuung vor und mit den Maschinen der elektronischen Unterhaltungsindustrie ist, wenn die Neurowissenschaften Recht haben, eben nicht einfach eine »Auszeit«. Eine immaterielle Seele mag ein Wesen sein, das *gar nicht* oder nur vorübergehend durch die Wahrnehmungswelt tangiert wird. Glauben wir an eine solche Seele als Teil unserer selbst nicht, dann sollten wir damit rechnen, mit den physischen Folgen unserer Wahrnehmungen und Handlungen leben zu müssen. Wenn alles, was wir erleben, uns verändert, und zwar körperlich und vor allem im Gehirn, dann sind wir angehalten – soweit es in unserer Macht steht – vielleicht mehr darauf zu achten, *was* wir erleben und mehr Verantwortung dafür zu übernehmen, was die, die uns anvertraut sind, erleben.

Ganz unberechtigt ist die alte Frage nach dem „Wesen" der Dinge dennoch nicht! Warum erkennen wir sowohl einen großen roten rechteckigen vierbeinigen Tisch als auch einen kleinen grünen runden dreibeinigen Tisch als „Tisch"? Die Frage nach dem Wesen der Dinge ist, weniger metaphysisch formuliert, die Frage nach der Möglichkeit von Klassifikation.

MANFRED SPITZER
DAS GEHIRN ZWISCHEN NATUR UND KULTUR

(Transkript des frei gehaltenen Vortrags; die dazu gezeigten Abbildungen waren für die Druckversion nicht verfügbar.)

Meine Damen und Herren, ich möchte versuchen, in der gebotenen Kürze der Zeit ein bisschen aus dem Nähkästchen der Neurowissenschaft zu plaudern und Ihnen einige Prinzipien zu vermitteln, wie das Gehirn funktioniert, und zwar so, dass man mit diesen Prinzipien noch etwas anfangen kann. Ich möchte Ihnen also nicht etwas Abgehobenes vorstellen, sondern Dinge, bei denen sofort klar wird: Aha, das ist ganz wichtig – ja, wie sagt man in Ulm? – »fürs Läbe«, und nicht bloß für den Elfenbeinturm.

Das ist ein Neuron, und was man hier sehr schön sieht, sind die Verbindungen zwischen anderen Neuronen und diesem Neuron hier. Das ist eine Synapse; das sind lauter Synapsen. Die meisten Synapsen, die an diesem Neuron sozusagen endigen oder Informationen über diese Kabel hier von anderen Neuronen bringen, sehen Sie nicht, denn die befinden sich in irgendwelchen Fortsätzen dieses einen Neurons, die ziemlich groß sind. Im gegebenen Maßstab ist das nächste Neuron sowie die anderen Neuronen, von wo die Signale hier herkommen, ein paar hundert Meter bis ein paar Kilometer weg.

Das Wichtige, was man nun herausgefunden hat, ist, dass das Ganze überhaupt nur so funktioniert, weil die Übergänge der Information an diesen Synapsen unterschiedlich sind. Also, was hier ankommt – das wissen Sie alle – sind Impulse. Wie aber diese Impulse übertragen werden, mehr oder weniger, hängt von der Stärke dieser Synapsen ab. Dass es Unterschiede in Synapsenstärken gibt, wurde schon vor 100 Jahren postuliert, vor 50 Jahren nochmals postuliert und vor mittlerweile 27 Jahren nachgewiesen. Es gab auch schon Nobelpreise dafür. Und erst im letzten Jahr hat der zweite Psychiater überhaupt, zusammen mit zwei anderen, einen Nobelpreis dafür bekommen, weil er herausgefunden hat, dass tatsächlich jede Form von Lernen und Gedächtnis mit Modifikationen von Synapsenstärken einhergeht.

Was dabei herauskommt, wenn die Neuronen ihre Synapsenstärken ändern, ist etwas, das Sie alle kennen: Was Sie hier sehen, ist letztlich eine Kurzfassung des Ergebnisses, das Wilder Penfield in den 30er, 40er und 50er Jahren durch hunderte von Operationen an Hirntumorpatienten oder auch an Epilepsiepatienten herausbekommen hat. Penfield (der übrigens in Deutschland gelernt hat bei Otto Förster, der das in den 20ern auch schon gemacht hat) stand als Neurochirurg vor folgendem Problem: Wenn Sie das Gehirn aufmachen, etwa von da, wie Sie es hier unten sehen, also nicht im roten und blauen Bereich, sehen Sie einfach so ein Gewühle von Windungen und Furchen. Und wenn Sie jetzt etwas wegschneiden wollen, würden Sie doch gerne wissen, wo Sie gerade herumschneiden und was Sie dabei eventuell kaputt machen. Was hat nun Herr Penfield gemacht? Sie wissen, dass man in Lokalanästhesie – wie beim Zahnarzt – hier alles wegklappen und die Knochen wegmachen kann: Dann sind Sie am Gehirn – und können sich mit dem Patienten unterhalten! Und dann geht man her, nimmt ein kleines Drähtchen und schaltet den Strom ein – nicht zu viel – und der Patient sagt: »Oh, jetzt kribbelt's mich aber an der Zunge, wenn Sie das kleine Drähtchen hierhin halten.« Wenn Sie an diese Stelle gehen, dann kribbelt's an der Stirn, und dort kribbelt's an der Hand, und dann kribbelt's weiter am Körper. Das heißt, dass tatsächlich in dem hier rot markierten Stück des Gehirns die Körperoberfläche, genauer gesagt: die Tastempfindungen von der Körperoberfläche gespeichert sind.

Das war fürs Erste schon ein interessantes Ergebnis. Zweitens hat Herr Penfield – und weil er es didaktisch clever umgesetzt hat, ist die Sache auch so bekannt – herausgefunden, dass wir alle in diesem Stück der Gehirnrinde eine Landkarte der Körperoberfläche in uns tragen, die etwa so aussieht, wie er sie hier versucht hat darzustellen; das ist aus einem amerikanischen Lehrbuch. Wichtig dabei ist, dass wir die Körperoberfläche nicht einfach nur hier gespeichert haben, sondern wir haben eben auch unten das Gesicht und dann weiter die Hand und den Rest vom Körper usw. Das haben wir alle genau so, mit geringen Variationen.

Ja, und dann noch etwas: Das Ganze sieht ein bisschen eigenartig aus und ist heute in der Fachliteratur bekannt unter dem Namen Penfield'scher Homunculus. Warum? Weil das wie ein Zwerg aussieht, denn da ist ein ganz großer Kopf und eine große Hand und ein ganz kleiner Körper. Und das heißt salopp gesagt, wir haben hier viel kortikale Rechenfläche für Zunge, Lippen und auch das Gesicht, viel für die Hand, wenig aber z. B. für den riesengroßen Rücken. Das passte schon damals gut zu dem, was man auch in der Neurologie ganz banal untersuchen konnte und kann: Ich nehme zwei Kulis und stupfe Sie mit den beiden gleichzeitig am Rücken. Da kann ich sieben Zentimeter auseinandergehen und Sie sagen immer noch: *ein* Kuli. Wenn ich das auf der Zunge mache, mit nur drei Millimeter Abstand, sagen Sie: *zwei* Kulis. Der Grund ist klar: Sie haben auf Ihrer Landkarte im Gehirn ganz viel Platz für die Zunge und sind hier deswegen ganz genau. Sie haben wenig Platz für den riesigen Rücken und sind dort deswegen nicht genau. Und woher kommt das? Ist das genetisch bedingt oder irgendwie anders? Nein. Das ist die Landkarte unserer Körperoberfläche. Man nennt das Landkarte, und zwar aus plausiblen Gründen. Dass sie so aussieht, wie sie aussieht, ist auf die Tatsache zurückzuführen, dass Sie eben selten mit ihrem Rücken essen! Sie verarbeiten Tastempfindungen vor allem mit den Händen, der Zunge und den Lippen. Wenn diese Tastempfindungen hier hineingehen, dann feuert unser Gehirn hier – und das kann man heute in Computersimulationen wirklich nachmachen. Man kann sogar dabei zuschauen, es dauert aber ein bisschen. Wenn wir eine Stunde Zeit hätten, würde ich es Ihnen vormachen können. Man kann zuschauen, wie solche Landkarten in Abhängigkeit von den Input-Mustern, die man darbietet, entstehen, und zwar nach zwei Prinzipien: nach Häufigkeit und Ähnlichkeit der Input-Muster. Man muss nichts weiter machen, als ein paar ganz einfache Bauprinzipien, von denen man weiß, dass sie im Cortex vorhanden sind, in ein Modell hineinstecken und dann kommt die Landkarte sozusagen aus dem Modell heraus. Was macht also diese Landkarte, was macht das Stück Cortex? Es extrahiert statistische Regularitäten des Inputs.

Aber warum ist die Hand da am Gesicht? Und warum sind die Geschlechtsorgane am Fuß? Dazu gibt es eine schöne Hypothese: Weil wir so im Mutterleib liegen und unser Fahrgestell auch noch eingefahren haben. Und wenn Sie jetzt Tastempfindungen am Uterus haben, weil da irgendwie einer boxt oder macht oder tut, dann liegen die ähnlich dem, was die Hand und das Gesicht anbelangt. Wenn die Landkarte angelegt wird, und das passiert sicher schon intra-uterin, wird deren Grobstruktur schon vorbestimmt. Sie ist hier schon angelegt und wird dann, wenn die Hand irgendwann einmal da ist und die Tastempfindungen von Hand und Gesicht sich durchaus unterscheiden sollen, nur noch ausdifferenziert.

Ich werde über die Landkarten noch ziemlich viel reden. Der Witz ist, dass wir heute wissen, <u>dass diese Landkarten nicht nur früh erfahrungsabhängig angelegt werden und dann halt so sind, wie sie sind, sondern dass sie sich, wenn sie wollen, tagtäglich ändern.</u> Wir wissen heute auch, dass der Cortex – man muss genauer sagen, der Neocortex, das sind 96 Prozent des Cortex, der auch Isocortex heißt, weil er überall gleich aufgebaut ist –, dass dieser Neocortex letztlich gar nichts anderes kann als Landkarten machen. Das macht er dauernd. Man weiß nicht nur um diese beiden Landkarten für das Tastempfinden und für die Motorik. Man kennt über ein Dutzend – visuelle Landkarten, auditorische usw. Wenn Sie die Größe der bekannten Landkarten nehmen und den Durchschnitt bilden, und jetzt die Größe des gesamten Cortex – das ist etwa ein Viertel Quadratmeter – dividieren durch die 170 Quadratzentimeter der durchschnittlichen Landkartengröße, kommen Sie auf die Zahl 735. Wenn Sie wissen wollen, wie viele Landkarten es da oben gibt, ist das keine schlechte erste Schätzung: Es sind nicht 50, es sind nicht 5000, es sind ein paar hundert. Und die arbeiten miteinander zusammen – ich komme gleich noch darauf – und produzieren damit Erfahrungen.

Vor allem sind sie erfahrungsabhängig! Wie gesagt, diese Land- ★) karte hier <u>repräsentiert unsere Tasterfahrung.</u> <u>Und wenn sich unsere Tasterfahrung</u> erheblich ändert, ändert sich die Landkarte. Ein paar Beispiele: Wenn Sie Blindenschrift lernen, machen Sie ganz viel mit diesem ganz bestimmten kleinen Stück Körperoberfläche. Denn Sie tasten Millionen kleiner Knubbel. Ein Buchstabe sind sechs Knubbel, große oder kleine. Entsprechend wird für dieses Stück Körperoberfläche auf der Landkarte hier oben automatisch mehr Rechenfläche zur Verfügung gestellt. Das kann man auch im Modell simulieren. Es passiert einfach. Wenn Sie also mit diesem

★) Diese Ausführungen werfen ein interessantes Licht auf die philosophische Erkenntnistheorie!

Stück Körperoberfläche viel Erfahrung machen, haben Sie dort im Gehirn mehr Platz für die Erfahrungen von hier. Wenn Sie etwa Gitarre und Geige spielen lernen, machen Sie viel mit den Fingern der linken Hand, und entsprechend bekommen Sie auf der Landkarte 1,5 bis 3,5 Zentimeter mehr Platz für die Verarbeitung der Signale von den Fingern der linken Hand; wenn Sie vor dem 11. Lebensjahr anfangen, dann sind es eher mehr, wenn Sie jetzt anfangen – Sie müssen nur heftig üben! –, wird es immerhin noch etwa einen Zentimeter mehr für die Finger der linken Hand.

Um eine Frage gleich zu beantworten, die Sie jetzt alle im Kopf haben: Was passiert, wenn mein Sohn Geige, aber auch Fußball spielt und gerade Kopfball trainiert? Geht das dann schief? Antwort: Vor zwei Jahren hätte ich noch gesagt, ich weiß es nicht. Jetzt gibt es eine ganze Reihe von Dingen, die man dazu sagen kann. Zunächst ein schönes Beispiel, das Sie bestimmt auch schon kennen: Wenn jemandem plötzlich die Hand fehlt, ist ihre kortikale Rechenfläche immer noch begierig nach Input, es kommt aber keiner. Was passiert? Die Neuronen wandern nicht ab, aber die Repräsentanzen auf dem Cortex verschieben sich dahingehend, dass Neuronen, die an dieser Stelle sitzen, Aufgaben von anderen übernehmen. Das hat subjektiv zur Folge, dass ich, wenn mir wegen einem Unfall oder wegen einem Tumor die Hand abgenommen werden muss, trotzdem noch eine Empfindung von der Hand habe. Denn hier oben sitzen ja Nervenzellen, die sozusagen die Hand darstellen.

Man nennt das Phantom bzw. Phantomschmerz – dieses komische Gefühl, da ist etwas. Die Betroffenen können oft sogar den nicht vorhandenen Arm bewegen. Und wenn's weh tut, ist das ganz schlecht, denn man kann das nicht behandeln, weil ja nichts da ist. Bekanntlich wird das Phantom, wenn Sie ein paar Jahre warten, immer kleiner und auch immer kürzer. Man spricht von *telescoping* und *shrinking*, und nach 10, 15, 20 Jahren sitzt im Amputationsstumpf eine briefmarkengroße Hand, die immer noch geschult wird als Hand, aber so klein gefühlt wird.

Gleichzeitig kann in der Übergangszeit folgendes passieren: Wenn ich Sie hier kratze, spüren Sie das Gekratze am Amputationsstumpf, und Sie spüren es an dieser Stelle noch einmal. Das heißt, es gibt Nervenzellen, die waren dafür zuständig und sind es irgendwie immer noch, aber sie sind inzwischen auch schon für einen anderen Bereich zuständig. Sie werden, nebenbei bemerkt, beim Kuli-Test hier besser als hier. Komisch, nicht? Der Arm ist ja krank. Warum? Ganz einfach: Hier werden mehr Neuronen zur Verfügung gestellt, weswegen Sie einfach besser sein können. Sie haben mehr Platz zum Rechnen für die Tastempfindungen. Auch auf der Gesichtsseite werden Sie besser. Und es gibt noch ein Phänomen, das vor ein paar Jahren in »Nature« publiziert wurde: Wenn Ihnen hier eine Träne herunterläuft, kann es passieren, dass Ihnen da eine zweite Phantomträne den Arm herunterläuft, d. h. den Phantomarm entlang, woraus ganz klar hervorgeht, dass diese Phantomempfindungen eine kortikale Genese haben müssen. Es entsteht *) kortikal, muss so sein.

Was wollte ich damit beantworten? Die Frage, wie das nun mit dem Kopfball und dem Geigenspiel ist. Es ist offenbar so – es gibt auch Tierexperimente dazu –, dass sich Repräsentanzen überlappen können; dass also auch die Ratte mit ihren Tasthaaren *ein* Neuron für *zwei* Tasthaare haben kann, wenn das eine größer wird und das andere kleiner und sich die Repräsentanzen in der Zwischenzeit mal überlappen. Und das heißt, dass hier *ein* Neuron Kopfball *und* Geige spielt – und wie es das macht, weiß bis heute keiner. Aber dass es so geht, wissen wir mittlerweile.

Ich könnte Ihnen bis morgen früh Beispiele von dieser kortikalen Plastizität erzählen. Es ist unglaublich, was man alles herausgefunden hat! Zum Beispiel haben Musiker mehr Platz im Kopf für Töne als Nicht-Musiker, bis zu 25 Prozent mehr. Relativ neu ist auch die Erkenntnis, dass Geigenspieler mehr Platz für Geigentöne und Trompetenspieler mehr Platz für Trompetentöne haben. Es geht immer weiter in diese Richtung, so dass man klar sagen kann: Wie unser Gehirn oder was unser Gehirn repräsentiert, ist natürlich abhängig von dem, was wir unserem Gehirn darbieten. Und darauf möchte ich noch ein bisschen ausführlicher eingehen.

Das hier ist nicht die Londoner U-Bahn, sondern Ihr Seh-System. Das Seh-System gehört zu den Systemen, die in der Neurobiologie am besten erforscht sind. Was man z. B. verstanden hat, ist folgendes: Wir haben auf dem Augenhintergrund eine Karte dessen, was da vorn ist, und das ist einfach ein Bild. Aber wir haben

*) Man könnte auf diese Weise die von der altchinesischen Medizin behaupteten Akkupunkte vorstellen kritisch untersuchen...

auch im primären visuellen Cortex eine Karte des Augenhintergrundes. Das heißt, die Aktivierung des Augenhintergrundes, die haben wir hier hinten noch einmal, nicht ganz 1:1, sondern ein bisschen verzerrt, aber trotzdem klar nachvollziehbar: Zwei Punkte, die hier hinten im Auge nah beieinander liegen, werden auch im Cortex von nah beieinander liegenden Neuronen repräsentiert und umgekehrt. Gerade Linien hinten im Auge sind da hinten ein bisschen krumm, aber das macht nichts. Im Grunde gibt es eine ganze Reihe retinotropher Landkarten. Die Kästen, die Sie hier sehen, sind kleine kortikale visuelle Areale, die für bestimmte Dinge spezialisiert sind: für Bewegung, Farben, Muster, Formen. Und wenn Sie weiter hochgehen, kommen die Areale für Gesichter, Landschaften, Körperteile usw. bis hin zu ganz speziellen Dingen, also für bekannte Gesichter usw. Es gibt hier also relativ spezielle Landkarten, die alle erfahrungsabhängig sind. (*)

Was heißt das nun – auch für unser Wahrnehmen? Bevor ich die Frage kurz mit Ihnen durchgehe, möchte ich noch sagen, dass das Bild hier eigentlich eine schamlose Untertreibung ist. Wenn Sie sich nämlich die realen Zahlen vor Augen führen, ist das noch viel toller! Hier geht eine Linie zum Auge hinein. Wir wissen: Das sind eine Million Nervenfasern. Von jedem Auge *eine* Million! Das ist aber, wenn Sie sich den Gesamtinput des Gehirns anschauen, schon fast alles, denn vom Ohr z.B. kommen nur 30 000 Fasern usw. Wenn Sie alles zusammenzählen, sind Sie bei 2,5 Millionen Inputfasern – zweieinhalb Millionen! Nun, wir können auch die Outputfasern zählen, das sind etwa 1,5 Millionen. Zusammen sind das vier Millionen Inputs und Outputs für unser Gehirn. Und was macht unser Gehirn damit? Es macht aus dem Strom von Impulsen, die da Input sind – das sind bis zu 300 Nullen und Einsen pro Sekunde pro Faser –, einen Strom an Outputs, der eben dann auch über die 1,5 Millionen Outputfasern geht. Und wieder sind das, weil die schnellsten Neuronen 300 mal pro Sekunde feuern, etwa 300 Nullen (wenn nichts kommt, ist es eine Null, und das hat auch einen Informationsgehalt) und Einsen pro Sekunde. Das hört sich wie eine Menge an, und das ist es ja auch.

Wie macht unser Gehirn das? Eines ist auf jeden Fall klar: mit einer Menge interner Verbindungen. Jede kortikale Hälfte sind 10

(*) „Möglicherweise wurden sie vor langer Zeit erfahrungsabhängig produziert, haben sich bewährt und wurden dann im Verlauf der Evolution zur Grundausstattung" (?)

Milliarden Nervenzellen, vereinfacht und großzügig gesagt 10^{10} Nervenzellen. Jede – ich habe es Ihnen eingangs gezeigt – hat mit bis zu 10 000 anderen Verbindung; das macht 10^{10} mal 10^4 ist 10^{14} ✳) Verbindungen im Gehirn. Jetzt habe ich gesagt: Wie viel gehen hinein und/oder heraus? Gut geschätzt 10^7. Also rechne ich 10^{14} geteilt durch 10^7 gibt 10^7. Was habe ich Ihnen jetzt vorgerechnet? Dass wir für eine Faser, die ins Gehirn hinein- oder herausgeht, intern 10 Millionen Verbindungsfasern haben. Pro Faser wohlgemerkt! Hier auf dem Bild haben Sie ein paar Dutzend oder vielleicht sogar ein paar hundert für eine Faser, aber eigentlich sind es 10 Millionen! Das muss man sich klar machen! Die Zen-Buddhisten haben völlig recht: Sie sind, neurobiologisch gesprochen, eigentlich immer nur bei sich selber.

Dass z. B. das hier ein Glas ist, darauf können wir uns alle, hoffe ich, ganz unschwer einigen, obwohl Sie sich alle das Glas hier oben quasi selber machen. Über die Netzhaut kommt nur ein bisschen Pixel-Soße rein, den Rest machen Sie! Es ist unglaublich – und so gesehen wundert man sich manchmal, dass es nicht noch viel mehr Psychiater braucht, als es eigentlich schon gibt…

Nun, ich möchte Ihnen klar machen, wie das funktioniert: Sie sehen alle auf diesem Bild die Kuh, oder? Da ist die Kuh. Sehen Sie die Kuh? Hier ist die Kuh. Und jetzt, etwas unscharf, ist die Kuh immer noch da. Das Ganze hat man jetzt im Scanner gemacht. Man hat etwa sechzig solcher Bilder genommen und gezeigt, und zunächst waren nur Flecken zu sehen. Anschließend hat man diese Bilder, im Scanner noch, disambiguiert, wie man so schön sagt, damit man sehen kann, was da zu sehen ist: nämlich eine Kuh, ist doch ganz klar! Und jetzt mache ich einen Scan, während ich Ihnen das Bild zeige und Sie noch keine Ahnung haben, was Sie da sehen. Sie wissen, man kann heute funktionelle Bilder vom Gehirn machen, die zeigen einfach, wo das Gehirn aktiv ist, wenn bestimmte Leistungen ablaufen. Selbst wenn Sie nur schwarze und weiße Flecken sehen und sonst nichts, ist Ihr primärer visueller Cortex, diese Karte ziemlich weit unten in dem Schema, aktiviert. Wenn ich Ihnen jetzt aber zeige, was das da ist, und Sie sehen, da ist doch eine Kuh, was ist dann los? Dann sind eben höhere Areale mit aktiviert, nämlich in diesem Fall objektspezifische oder gesichtsspezifische

 ✳) Ist strenggenommen nicht ganz richtig, weil er eine Verbindung von zwei Punkten auf obige Weise zweimal zählt.

Areale. Die kommen dazu, wenn Sie jetzt da eine Kuh sehen. Man kann also klar zeigen, dass es die Interaktion dieser Areale ist, die die Wahrnehmung tatsächlich hervorbringt.

Wenn Sie, nebenbei bemerkt, noch nie eine Kuh gesehen hätten oder nie ganz viele Kühe, würden Sie jetzt auch keine gesehen haben. Denn dann wüssten Sie nicht, mit welcher Repräsentanz Sie das, was von außen kommt, in Verbindung bringen und wie Sie das Material strukturieren sollen. Es ist erfahrungsabhängig, dass Sie jetzt alle da eine Kuh sehen. Und diese Erfahrung, die steckt hier oben im Gehirn, und man kann sie sogar aktualisieren, ohne jeden Input von außen.

Wenn ich Sie frage, wie viele Fenster hat Ihr Wohnzimmer, nehmen Sie Ihr Wohnzimmer von irgendwo da oben auf der Landkarte und tun es da unten hin. Denn da kann man Aktivität nachweisen im Scanner, wenn man solche Aufgaben stellt. Und was machen Sie, wenn Sie mir die Frage beantworten? Sie gehen im Geist durch Ihr Wohnzimmer und zählen diese Fenster, und dann können Sie mir die Antwort sagen. Man kann also genau nachvollziehen, was passiert: Sie aktivieren diese komprimierte Information, die Sie aber als komprimierte gar nicht auslesen können, tun sie da hinten hin, rekonstruieren damit ein analoges Aktivierungsbild von Ihrem Wohnzimmer, scannen das ab und geben mir dann die Antwort. Insofern ist diese Information hier hinten wichtig, und man kann sie auch benutzen ohne jeglichen Wahrnehmungs-Input zum Vorstellen. Das ist, wenn man so will, ein Abfallprodukt unserer guten Wahrnehmung. Man kann sie rein von da oben nach hier unten stellen. Meistens machen wir ein Mittelding.

Noch ein ganz kleines Detail: Wir lernen immer, die Information geht von der Retina zum *corpus geniculatum laterale*, zum primären visuellen Cortex. Wenn man genau nachliest, sind die Daten so: Das *corpus geniculatum laterale* bekommt sieben – Sie hören richtig! – sieben Prozent seines normalen Inputs von der Netzhaut, dreißig Prozent vom primären visuellen Cortex oben herunter und die anderen rund sechzig Prozent von überall her. Nur ganze sieben Prozent ist der Input der ersten visuellen Station vom Auge! Und das gilt hier entsprechend. Alle diese Linien haben deswegen keine Pfeile; denn wann immer hier eine Linie ist, geht die Information in beide Richtungen: Von oben wird gemeldet, was dort los ist, und von hier wird gemeldet, was da los ist – und genau diese Interaktion macht Wahrnehmung aus.

Diese Karten enthalten also Ihre Lebenserfahrung. Ich möchte das noch an einem anderen einfachen Beispiel klar machen. Sie kennen wahrscheinlich alle die Müller-Lyer-Täuschung: Diese Linie mit den nach außen weisenden Winkeln am oberen und unteren Ende sieht kürzer aus als diese, bei der die Winkel oben und unten nach innen weisen. Warum ist das so? Weil wir in Räumen leben wie zum Beispiel in dem hier gezeigten: Das hier muss vorne sein, deswegen ist diese Linie ein wenig kürzer; das ist hinten, deswegen ist diese Linie ein wenig länger. Und noch plakativer sehen Sie es hier: Diese Linie ist natürlich lang und diese ist kurz, weil die Linien am oberen und unteren Ende an der Raumkante vorne wegstreben und damit anzeigen: das ist vorne; und diese Linien an der hinteren Raumecke streben so weg und zeigen damit an: das ist hinten.

Diese beiden Linien, die die Raumkante vorne und die Raumecke hinten darstellen, sind tatsächlich gleich lang. Das glaubt mir immer keiner; aber wenn ich das so abdecke, sieht man: Es ist wirklich absolut genau gleich lang. Es macht ja auch Sinn, dass wir dieser Täuschung unterliegen, denn wir wollen uns hier nicht den Kopf anrennen! Wir wollen die Linien vernünftig räumlich interpretieren, und das haben wir auch gelernt, indem wir uns immer in diesen Räumen bewegt haben. Keiner von uns hat Linien gepaukt, aber wir waren oft genug selbst in solchen Zimmern. Deswegen können wir das auch. Deswegen unterliegen auch alle Menschen der Müller-Lyer-Täuschung – es sei denn, sie wohnen in runden Hütten. Das hat man tatsächlich nachgewiesen! Wenn Sie zu diesen Menschen gehen und fragen, welche Linie ist denn länger oder kürzer, antworten sie: Die sind gleich lang. Und Ihnen ist jetzt völlig klar, warum: Die haben eben andere Dinge trainiert. Und deswegen haben sie genau dieses Interpretament nicht in ihrem Cortex gespeichert, und deswegen sehen sie die Welt eben auch ein bisschen anders.

Wofür ich jetzt argumentieren will, ist folgendes: Dass wir nicht nur in niedrigstufigen Dingen so handeln, sondern dass das

Wahrnehmung und Irrtum: auch in der Wissenschaft

auch weiter geht. Nebenbei zwei kleine Anekdoten: Wenn Sie einer gestreiften Tapete gegenübersitzen und Meskalin nehmen oder irgend ein anderes Halluzinogen und das Meskalin fängt an zu wirken, dann wird die Tapete eindrücklicher, fängt an, sich zu bewegen, wird bunt, löst sich auf, und plötzlich sind Sie im Aquarium und um Sie herum schwimmen die Fische. Und nirgendwo ist zu sehen, wo die Wahrnehmung aufhört und die Halluzination anfängt. Das hat schon Kurt Beringer genau so gesehen und auch beschrieben in seiner berühmten Schrift »Der Meskalinrausch« von 1927. Darin sagt er sinngemäß: Es ist ein Übergang, und es macht überhaupt keinen Sinn, so deutlich unterscheiden zu wollen zwischen Wahrnehmung einerseits und Vorstellung andererseits.

Es gibt noch ein schönes, wissenschaftshistorisches Beispiel: Der amerikanische Astronom Lowel hat im Jahr 1908 ein Bild vom Mars gezeichnet. Er hat – wohlgemerkt mit guten Teleskopen – noch die Kanäle gesehen und hat sie dann eben auch hingemalt. Und er hat dazu geschrieben: Man muss nur genau wissen, was man da zu sehen hat, dann sieht man es auch. Heute wissen wir, dass es die Kanäle gar nicht gibt. Weil er aber wusste, dass es sie geben muss, hat er sie auch gesehen. Also, auch Wissenschaftler sehen Dinge, die nicht da sind, nur weil sie da sein müssen!

Als es die ersten Mikroskope gab – das kann man sich in alten Büchern anschauen –, hat man z. B. angefangen, männliches Sperma zu untersuchen. Damals hat man auch etwas gesehen, das man heute nicht mehr sieht, nämlich dass der Kopf von diesem Spermium einen kleinen Embryo enthielt: Da sehen Sie also im Kopf des Spermiums die Große Fontanelle und auch schon die Beinchen und die Ärmchen. Denn vor 300 Jahren war die Sache völlig klar: Der neue Mensch kommt ganz vom Mann, und die Frau liefert ein bisschen Nährstoffe und Wärme und sonst nicht viel. Deswegen musste ein Spermium so aussehen, und im Mikroskop hat man es dann gesehen, weil es so aussehen musste. Soviel zu diesem Hin und Her zwischen *bottom up-* und *top down-*Prozessen.

Mein Punkt ist jetzt, dass das weiter geht, als Sie vielleicht denken. Wir selber haben entsprechende Untersuchungen gemacht und andere auch. Ich kann z. B. jemanden in den Scanner legen und ihm dann bestimmte Bilder von bestimmten Kategorien von Werkzeugen zeigen. Man kann heute mit Magnetfeldern dem Hirn sozusagen bei der Arbeit zuschauen. Und dabei finden Sie bestimmte kleine Areale, wo in dem Fall selektiv bei Werkzeugen das Gehirn anfängt, aktiv zu werden. Immer wenn da Werkzeuge kommen, sollen die Werkzeuge benannt werden. Das ist ein Beispiel für das, was man heute kategorienspezifische Aktivität nennt. Vor fünf Jahren wurde man fast noch ausgelacht, wenn man so was gemacht hat; mittlerweile gibt es dazu ganze Symposien. Hier sehen Sie ein kleines Areal, das immer aufleuchtet, wenn Werkzeuge benannt werden – und ein anderes Areal da vorne leuchtet auch auf. Beides hat mit etwas mit Werkzeugen, beides macht Sinn: Denn hier haben Sie in der Nähe das Bewegungsareal MT – und Werkzeuge haben ja mit Bewegung zu tun; da vorne programmieren Sie Bewegung – und das hat ja auch mit Bewegung, nämlich mit der Ausführung von Bewegung zu tun.

Hier nun Untersuchungen mit Kernspin aus »Science«: Wenn Sie jemandem sagen, er soll erst Wörter der Muttersprache sagen und dann Wörter der ersten Fremdsprache, dann haben Sie dafür links frontal zwei Areale – eines für die Muttersprache und eines für die erste Fremdsprache. Bei allen Menschen ist das der Fall, es sei denn, jemand ist zweisprachig aufgewachsen: Der hat *eine* Landkarte für *beide* Sprachen. Also haben wir dieses Prinzip: Man hat Landkarten; diese Landkarten sind erfahrungsabhängig und betreffen auch höherstufige Repräsentationen. Das ist, oder sagen wir mal, das wird von Woche zu Woche immer wahrscheinlicher. Im letzten »Nature«-Heft ist ein schönes Experiment dokumentiert, das zum ersten Mal im Tierversuch klar gezeigt hat, dass Regeln, und zwar ganz abstrakte Regeln, von der Aktivität frontaler Neuronen repräsentiert sind. Die Regel ist nicht irgendwie überall oder so, nein: Das ist ein Neuron, das sozusagen sagt, dass diese Regel aktiv oder eine andere Regel aktiv ist. Man hat durch Kontrollen ausgeschlossen, dass das Stimulus-Attribute oder andere Attribute sein können. Nein, die Regel wird aktiviert, die ganz allgemeine Regel. Man weiß auch – es gibt da Untersuchungen in der Schweiz –, dass Werte, also nicht Objekteigenschaften, sondern der Wert des Objekts, für mich auch frontal von Neuronen direkt repräsentiert werden. Man konnte kürzlich auch beim Menschen zeigen, dass man bei Gedächtnisinhalten wie z. B. Wortassoziationen, die jemand gelernt hat, vorhersagen kann, ob sie erinnert werden oder nicht: durch die Aktivität hypokampaler Neuronen. Sie leiten das also ab und sagen dann, der kann sich daran erinnern oder nicht – und Sie wissen das schon vorher!

Für die Landkarten spricht noch ein schöner Effekt, der unter Psychologen auch bekannt ist: der *Popout*-Effekt. Das geht so: Suchen Sie aus dieser zwölfstelligen Zahl die 9 heraus – da brauchen Sie schon eine Weile. Wenn Sie dagegen in dieser Zahl hier das B suchen, sind Sie gleich fertig. Denn ein Buchstabe in einem Haufen von Zahlen sticht ab; aber eine Zahl in einem Haufen von Zahlen sticht nicht ab. Und das geht auch anders herum. Die Standarderklärung hierfür ist die, dass wir eine Landkarte haben für Buchstaben und eine Landkarte für Zahlen. Wenn Sie jetzt lauter Zahlen sehen, haben Sie da überall eine Aktivierung, und wenn jetzt eine bestimmte Zahl gesucht wird, müssen Sie die erst aussortieren. Wenn aber die Zahl in Buchstaben verborgen ist, haben Sie einen *Peek* in der Zahlenlandkarte; und diese ganzen Buchstaben, dieser ganze Rest, stört Sie gar nicht groß, denn den einen Peek aus der Zahlenlandkarte lesen Sie ganz schnell aus und finden deswegen die Zahl. Die »poppt« eben wahrnehmungsmäßig heraus. Also, der Popout-Effekt: ein Hinweis für unterschiedliche Repräsentanzen für Zahlen und Buchstaben, die wiederum erworben sind und nicht angeboren.

Es gibt Leute, die beschäftigen sich tagaus tagein damit: M5T 2S8 – Das ist eine kanadische Postleitzahl. Und was ich Ihnen jetzt erzähle, ist kein Witz. Man hat Postbeamte in Kanada untersucht, die Briefe sortieren; und die Kontrollgruppe waren Postbeamte in Kanada, die keine Briefe sortiert haben. Wenn Sie den ganzen Tag Briefe mit kanadischen Postleitzahlen sortieren, ist der Popout-Effekt weg. Wundert Sie das? Nein. Sie haben dann ja Ihre Landkarten durcheinander gebracht. Sie haben nicht mehr schön an einer Stelle die Buchstaben und an einer anderen die Zahlen, weil Sie beides dauernd gemeinsam verarbeiten. Und wenn die Landkarten durcheinander sind, dann gibt's keine Ursache mehr für den Popout-Effekt, und dementsprechend ist der nicht mehr da.

*) Die Hauptländer des Commonwealth — GB/CDN/AUS/NZ (und einige weitere) haben alle solche gemischten Postleitzahlen mit Buchstaben und Nummern.

Vielleicht noch eine ganz besonders interessante und auch fast klinisch wichtige Sache, um zu sehen, zu welcher Repräsentanz man noch kommt, wenn man vom visuellen System weg geht und ein anderes System nimmt. Wenn Sie mir zuhören – und jetzt sind wir beim Hören – geht's hier rein. Wir haben eine Frequenz-Landkarte. Wir haben auch eine Landkarte für stimmliche Dinge, die ein bisschen in der Nähe von dieser Frequenz-Landkarte liegt. Hier wird's dann schon ein bisschen spekulativ. Es gibt aber durchaus Hinweise, dass wir vielleicht auch Bedeutungs-Landkarten haben und vielleicht sogar Landkarten, die auch – immer wahrscheinlich eben – noch Höherstufigeres regeln bis hin zu Werten oder was auch immer.

Zum Beispiel Phoneme. Wie viele gibt's davon eigentlich? Etwa siebzig. Es ist schwierig, das genau zu bestimmen. Das Interessante dabei ist: Es gibt etwa 8000 Sprachen, und Sie können alle diese Sprachen mit diesen siebzig Phonemen basteln, wobei jede einzelne Sprache wiederum unterschiedlich viele Phoneme aufweist: Englisch z. B. hat 44, Italienisch so um die 30. Und man weiß schon aus Untersuchungen an halbjährigen Säuglingen, dass die Babys erfahrungsabhängig die Phoneme der Muttersprache hier in ihrem Spracharal drauf haben und die anderen nicht; sie können also schon zwischen Muttersprache und Nicht-Muttersprache unterscheiden, mit einem halben Jahr Sprach-Input.

Was man auch herausgebracht hat, ist folgendes: Drei bis fünf, manche sagen acht Prozent aller Kinder haben hier ein Problem, das, wenn man so will, auf einer ganz niederstufigen Verarbeitungseinheit auftritt. Und zwar haben diese Kinder ein Problem damit, dass sie zeitliche Diskriminationen nicht so gut mitmachen können. Das fällt bei der normalen Wahrnehmung überhaupt nicht ins Gewicht, wird aber gerade beim Sprachverständnis wichtig, denn der Unterschied zwischen »g k«, »d p« und »d t« sind 20 Millisekunden. Wenn das Kind aber nur Unterschiede von höchstens 40 Millisekunden und nicht darunter schafft, dann klingen die Laute gleich. Das heißt, dass die höheren Areale einen, wenn man so will, schlecht vorverdauten Input bekommen. Wie soll es funktionieren, dass diese Areale davon schöne Landkarten basteln, wenn hier sozusagen »verrauschter« Input kommt? Das kann nicht gut

A) vgl. das „Abtast-Theorem" aus der Nachrichtentechnik / technischen Informatik gehen! Wenn diese Kinder dann verspätet Sprache lernen, später auch mit dem Schreiben und mit dem Lesen Probleme haben und zeitlebens als dümmer gelten, als sie eigentlich sind, spricht man von Dyslexie, in Deutschland z.T. von Legasthenie – die Begriffe sind ein bisschen fließend, und da ist auch wirklich noch vieles unbekannt.

Aber einige wichtige Dinge weiß man. Genau die Forscher von der Ostküste der USA, die das herausbekommen haben, dachten: Da kann man gar nichts machen, nur allenfalls dafür sorgen, dass nicht zu viele wohlmeinende Therapeuten in dieser Familie ihr Unwesen treiben. Denn Sie können sich vorstellen, was passiert, wenn die Eltern irgendwann merken: Mit unserem Bub stimmt etwas nicht. Der lernt nicht sprechen. Und dann gehen sie zum HNO-Doktor, weil sie denken, er hat was am Ohr. Der Bub macht einen Hörtest und hört einwandfrei! Und dann wird's schon schwierig, weil das Kind nämlich, vom Doktor bestätigt, zu 100 Prozent alles hören kann, aber nicht hören will, wenn die Eltern mit ihm reden! Und dann geht's erst richtig los: Der Bub liebt seine Mutter nicht, und und und – das können Sie sich alles ausmalen. Also haben die Forscher, die das herausgebracht haben, gedacht: Wir müssen dafür sorgen, dass allen klar ist, dass das arme Kind gar nichts dafür kann. Es hat einfach ein Defizit im Bereich der einfachen akustischen Verarbeitung. Damals glaubte man, wie gesagt, nicht, dass man daran etwas machen könnte.

Nun gab es Leute, die sich aus einem ganz anderen Grund mit demselben Thema beschäftigt haben. Das waren Ohrenärzte von der Westküste der USA, in San Francisco. Und denen ist folgendes aufgefallen: Man hat schon seit über drei Jahrzehnten innenohrtaube Menschen dadurch behandelt, dass man ihnen ein künstliches Innenohr einsetzt. Das wiederum verwandelt Sprachimpulse, die in ein Mikrophon gehen, über Verstärker usw. in irgendwelche elektrischen Impulse, die über ein paar – genauer: vier bis zwanzig – Drähtchen in den Hörnerv hineingepflanzt werden, und der Hörnerv leitet sie weiter ins Gehirn. Nur hat das, was das Innenohr an Output liefert, mit dem, was ihr richtiges Ohr an Output liefert, verdammt wenig zu tun. Entsprechend wachen die Patienten aus der Operation auf, und was hören sie? Gerumpel. Ein Jahr später können manche – heute sind es siebzig Prozent dieser Patienten – telefonieren, d. h. Sprache verstehen ohne Lippenlesen. Wir müssen sie alle telefonieren lassen, damit sie nicht Lippen lesen!

Natürlich hat man sich schon damals gefragt: Wie kann das überhaupt funktionieren? Das geht doch gar nicht! Also, wenn das »Maschinle« sich nicht ändert, dann muss das Gehirn sich irgendwie an die neuen Impulse gewöhnen oder so ähnlich. Das hätte man nun gern untersucht, nur leider gibt es ein Problem dabei: Sie können bei Menschen nicht dauernd den Kopf aufmachen und nachgucken, und wenn Sie es bei Tieren probieren, macht es wenig Sinn, denn die reden ja nicht. Und da kam man auf etwas ganz Geniales – das Experiment findet man mittlerweile in jedem Buch der Neurowissenschaft: Wir nehmen Affen und so etwas Ähnliches wie Sprache, nämlich Vibrationen. Und wir nehmen die Finger der Hand und legen sie auf ein Plättchen, das vibriert, und dann muss der Affe Vibrationen unterscheiden: 20 pro Sekunde versus 22 pro Sekunde versus 24 pro Sekunde. Zuerst kann der Affe nichts unterscheiden. Aber zwei Wochen Training, zwei Stunden am Tag – der Affe kriegt immer Saft, wenn er es richtig macht – kann er es. Er kann diesen kleinen Frequenzunterschied unterscheiden!

Und jetzt hat man bei dem Affen natürlich ins Hirn geguckt: Das hier ist ein Stück von der Landkarte der Körperoberfläche, die ich Ihnen ganz am Anfang gezeigt habe. Hier sehen Sie sozusagen ein Stück Gehirn für jeden einzelnen Finger. Und wenn der Affe zwei Wochen trainiert hat, dann ist die Landkarte hier größer geworden. Das ist bereits um 1980 publiziert worden. Wichtig dabei ist, dass damals einwandfrei nachgewiesen wurde, was die Neurologen nicht glauben wollten: Unser Gehirn ist plastisch, richtig plastisch! Es ändert sich dauernd mit der Erfahrung.

Ganz wichtig ist jetzt die Schlussfolgerung: Wenn ein Stück Gehirn nicht richtig funktioniert, können wir es doch trainieren! Wie trainieren Sie den Cortex, der Sprachlaute analysiert, bei einem achtjährigen Buben oder Mädchen? Nun, man versucht, etwas zu machen, das für Kinder interessant ist, damit sie Spaß dran haben. Man nimmt zum Beispiel die normale Sprache, digitalisiert sie und zieht sie einfach auseinander. Das geht heute, ohne dass sie dabei tiefer klingt – die Software kostet »'n Appel und 'n Ei«. Das kann jeder selber machen, wenn er will. Wichtig ist folgendes: Die Kinder können plötzlich den Unterschied zwischen »g« und »k« hören, denn der beträgt jetzt nicht mehr nur 20 Millisekunden, sondern 40. Wenn die Kinder das hören, was sie früher einfach nicht haben hören können, können sie es auch verarbeiten. Und wenn Sie das mit den Kindern sechs Wochen trainieren – zwei Arbeiten darüber wurden 1996 in »Science« publiziert –, können diese Kinder hinterher normal gesprochene Sprache besser verstehen.

Die Story geht sogar noch weiter. Sie können heute mit Hilfe von Kernspintomographen etwas machen, das sich ganz utopisch anhört – aber es geht wirklich, wir sind auch gerade dabei: Sie können nämlich die Struktur von Raum untersuchen*. Sie markieren Wassermoleküle magnetisch und schauen dann, wo und in welche Richtungen diese Wassermoleküle diffundieren. Wenn der Raum gleich ist, können sie in alle Richtungen diffundieren; wenn er aber so etwas wie Röhren enthält, dann diffundieren sie nur entlang der Röhren. Und das kann man messen und abbilden. Und wenn die Röhren recht dickwandig sind, geht's erst recht nur entlang der Röhren, d. h. man sieht bestimmte farbcodierte Richtungen, wie in diesem Schema.

Jetzt zeige ich Ihnen ein Originalbild. Da ist sehr schön zu sehen, wie die Faserzüge, weiße Substanz, als Verbindungskabel dargestellt sind; und die Farbstärke, die Sättigung drückt aus, wie stark gewichtet die Fasern hier sind. Wenn Sie lesen, dann müssen Sie temporal links und frontal links, also verschiedene Areale aktivieren, und diese Areale müssen vor allem auch miteinander reden, um diese Art der Informationsverarbeitung hinzukriegen, die ich Ihnen jetzt schon einige Male gezeigt habe. Das heißt, Sie brauchen gute Verbindungen.

Was lässt sich noch untersuchen? Die Güte oder die Geradheit und die Gerichtetheit der Fasern, z. B. genau da, wo Sie die Verbindung haben zwischen diesen bestimmten Arealen. Und wenn Sie das machen und gleichzeitig beobachten, wie gut die Leute lesen können, dann finden Sie eine Korrelation von Punkt 84. Was Sie hier haben, ist sozusagen die Güte der Raumstruktur – also, wie schön laufen da die Fasern auf dem Bild –, und hier haben sie den Lese-Score, und das ist die Korrelation.

*) philosophisch besonders interessant, da z. B. Kant die Kategorie „Raum" als „a priori" klassifiziert hat.

Was kann man damit anstellen? Man kann nicht nur ein Bild davon machen, man kann mittlerweile auch die Sprachentwicklungsstörung diagnostizieren, wenn sie noch gar nicht eingetreten ist – wie 1997 in »Science« publiziert: Sie können zwei Klicks darbieten. Die Klicks ergeben Hirnwellen, und wenn Sie genug Klicks machen und Mittelwerte bilden über diese Gehirnwellen, bekommen Sie die Reaktion des Gehirns auf so einen Klick. Wenn Sie diese Klicks immer näher zusammenschieben und nicht mehr auseinander bekommen in ihrer Verarbeitung, dann bekommen Sie *eine* Welle. Das können Sie übrigens schon mit Zweijährigen machen, d. h. Sie können diejenigen herauskriegen, die schon bei 40 Millisekunden Klickabstand bloß noch eine Welle haben. Und damit können Sie eine Sprachentwicklungsstörung diagnostizieren, wenn sie noch gar nicht eingetreten ist! Und die Hoffnung ist, dass man jetzt digitale Hörgeräte nimmt, die den Input zeitlich einfach ein bisschen auseinander ziehen und damit bewirken, dass die Sprachentwicklungsstörung gar nicht erst auftritt. Dann erübrigt sich hinterher die Behandlung!

Vor kurzem erst hat man dieses Krankheitsbild des Nichtlesenkönnens in verschiedenen Sprachen untersucht und dabei festgestellt: Die Engländer sind einfach arm dran! Nach einer bestimmten Schätzung hat das Englische wie gesagt 44 Phoneme, und es hat 1120 Möglichkeiten, diese Sprachlaute aufzuschreiben. Das wissen wir alle, die wir Englisch gelernt haben: Das ist ja grauslich! Die Italiener haben etwa 30 Phoneme, und sie haben 30 Buchstaben: Das passt, fertig! Und wenn Sie in Italien Leute mit Leseschwäche suchen – das hat man gemacht –, müssen Sie schon über tausend Studenten fragen, um wenigstens ein paar zu finden, die vielleicht, manchmal, so ein bisschen, einen Hauch von Schwierigkeiten beim Lesen haben. Bei diesen Leuten lohnt es sich nachzugucken, wie sie sozusagen beim Lesen ihr Gehirn aktivieren.

Beim Lesen braucht man, wie gesagt, frontal und temporal Aktivität. Das finden Sie auch bei normalen Lesern; nur bei den Dyslektikern gibt es die Aktivierungsschwierigkeiten, das ist der Unterschied zwischen den beiden Gruppen. Sie finden in allen Ländern, egal wo, genau die gleiche Anatomie, aber Sie finden in England die Dyslektiker, und in Italien finden Sie die nicht! Denn

(*) So gesehen ist es wirklich erstaunlich daß Englisch sich als Weltsprache durchsetzen konnte — (ein politisches Phänomen)

die Anatomie ist das eine, und die Kultur, sozusagen die Leistung, die sie vollbringen müssen, ist das andere. Also, dem Italiener mit der Störung geht's so wie einem Farbenblinden, der nur einen Schwarzweiß-Fernseher hat: Es ist ihm völlig egal.

Ich hoffe, mein Thema wird Ihnen klar. Denn ich will Ihnen klar machen, dass das Letzte, was die Neurobiologie heute tut, ist, den Menschen auf irgendetwas Banales zu reduzieren. Im Gegenteil. Wir fangen eigentlich gerade erst an, ein bisschen zu verstehen, wie es zur Komplexität kommt. Alle Leute reden heute von der Komplexität des Genoms usw. Aber ich bitte Sie: drei Milliarden Basenpaare, das ist doch gar nichts! Gegenüber der Anzahl unserer Synapsen im Kopf ist das wirklich verschwindend gering und extrem wenig, wenn man es mit der Komplexität des Gehirns vergleicht, wo es nicht nur um eine Zehnerpotenz geht, sondern auch um x Zehnerpotenzen dazwischen. Und nicht das Genom, auch wenn es gleich ist, die Lebenserfahrung macht's! Die Lebenserfahrung macht auch die Individualität eines Menschen aus. Das haben wir immer schon unterschrieben – sonst würden wir ja eineiige Zwillinge auch nur einmal wählen lassen...

Wenn das alles so ist, hat das sicherlich eine Menge Konsequenzen. Was immer Sie in Ihrem Gehirn haben, ist also da hineingekommen – gemeint ist jetzt natürlich nicht die primäre Struktur, also der Intellekt. Man kann es auch so sagen: Die Anlage, dass man sozusagen Informationen bzw. Inputmuster aufsaugt wie ein Schwamm und dann deren statistische Regularitäten auf Landkarten abbildet, das ist angeboren. Aber was dann da hineingeht und was abgebildet wird, das ist natürlich nicht angeboren; das ist kulturabhängig, erfahrungsabhängig und bei jedem ein bisschen anders.

Deswegen – und das meine ich jetzt ganz ernst – ist das vielleicht das Wichtigste, was wir mitnehmen können: Wir reden die ganze Zeit von Neuroplastizität. Aber weil es so ist, deswegen sollten wir uns wirklich besser, als wir es bislang tun, um den Input kümmern, denn der macht uns unsere Gehirne. Und die Landkarten sind nicht zum Spaß da oder nicht nur zur Wahrnehmung, sondern sie sind auch dafür da, Reaktionsdispositionen zu schaffen, also um unser Verhalten zu ermöglichen. Ein Beispiel – ein plakatives Beispiel, ich gebe es zu, aber es ist mir wichtig: Hier ein Bild aus einem Entwicklungspsychologie-Lehrbuch, ein Zweijähriger guckt Fernsehen, bekommt etwas vorgemacht von einem, der etwas auseinanderzieht. Das Kind guckt begeistert zu und macht es nach. So viel zur Verhaltensrelevanz, was ja immer noch manchmal angezweifelt wird. Es ist also völlig klar: Wenn etwas passiert, wird es nachgemacht. Und da passiert nicht immer Harmloses! Der Durchschnittsamerikaner – mein Lieblingsbeispiel – hat, wenn er 18 Jahre ist, 13 000 Stunden in der Schule verbracht, was hoffentlich am Gehirn etwas geändert hat, und 25 000 Stunden vor dem Fernseher, wobei er im Durchschnitt 32 000 Morde gesehen hat, bei Kabelanschluss mehr. Wundert Sie es noch, dass die Haupttodesursache von Männern in meinem Alter in den USA Mord ist? Dass über eine Million Amis permanent im Knast sitzen? Wundert Sie das? Wundert einen überhaupt nicht!

Es gibt natürlich die Gegenthese: Je mehr Gewalt ich sehe, je mehr führe ich die ab, Katharsis und so ähnlich. Nur stimmt das nicht, das ist der Schönheitsfehler dieser These. Sie ist wirklich falsch! Sie wird immer auf Aristoteles zurückgeführt, aber wenn man bei ihm genau nachliest, steht sie auch nicht ganz genau so drin und auch nur an zwei Stellen. Goethe hat sich darauf berufen, Freud auch, aber die Fakten sind ganz anders. Eine schöne Studie dazu: Wenn Sie 860 Buben – das hat man durchprobiert – nachuntersuchen, können Sie feststellen, dass die Menge an Gewaltvideos, die diese Buben mit 18 Jahren sehen, vorhersagt, ob die dann mit 30 Jahren im Knast hocken oder nicht. Das klingt heftig, aber es ist nachgewiesen. Und es gibt eine Menge anderer Studien, die genau das belegen.

Nebenbei noch eine Analyse vom Fernsehprogramm: Wenn man zweieinhalbtausend Stunden Fernsehprogramm inhaltlich analysiert, kommt heraus, dass nur bei vier Prozent aller Gewaltakte alternative Verhaltensweisen aufgezeigt werden, also nicht gewalthafte Konfliktlösungsstrategien. In über 50 Prozent der dargestellten Gewalt bleiben Schmerzen ausgespart, weswegen in *emergency rooms* in den USA immer wieder Jugendliche mit Stich- und Schussverletzungen ankommen und sich tatsächlich wundern, dass es weh tut, denn im Fernsehen lachen die immer alle… Und in über

70 Prozent der Fälle kommt der Gewalttäter ungeschoren davon. Das lernen die Kinder eben auch. Das muss man sich klar machen. Und das sollten wir nicht zulassen, sondern das sollten wir ändern! Wir sollten es – und das finde ich ganz wichtig – sogar drastisch ändern. Neuroplastizität ist also weder gut noch schlecht, es kommt auf den Input an. Das ist das Wesentliche.

Wenn das alles so ist, dann wüsste man natürlich auch gerne, unter welchen Bedingungen Neuroplastizität stärker oder weniger stark ist. Eine andere Weise, die Frage zu stellen, ist: Wie lernt man besser und wie lernt man schlechter? Wenn Sie mir noch ein paar Minuten geben, kann ich Ihnen das auch noch kurz erzählen, weil das ja für das Leben vielleicht auch ganz wichtig ist. Nochmals dazu: In kaum einem Lehrbuch ist das folgende Experiment beschrieben, das zur gleichen Zeit gemacht wurde und das für uns Psychiater und, wie ich meine, auch Psychologen vielleicht noch wichtiger ist. Ein Affe und ein Nachbar-Affe, ein Käfig und ein Nachbar-Käfig, alles gleich. Aber der eine Affe bekam so viel Saft wie er wollte, also nicht Saft als Belohnung, sondern er bekam immer Saft. Beiden wurden genau die gleichen Inputmuster auf die Finger gegeben. Was ist im Kopf des einen Affen hier passiert? Nichts. Und jetzt sagen Sie: Aha, stimmt doch alles gar nicht! Diese ganze Rede von den mechanistischen Inputpatterns, die da irgendwie etwas machen, alles Blödsinn! Da muss doch offenbar z. B. Motivation dazu kommen. Ja, richtig! Der Punkt ist, dass Motivation, Aufmerksamkeit, Emotion dazu kommen müssen. Das ist nicht nur so, wir wissen auch, wie das funktioniert.

Auch dazu kurz noch zwei Experimente! Das erste: Seit zehn Jahren macht man Experimente mit den Effekten von Aufmerksamkeit. Ein schönes Beispiel hier: Sie zeigen das hier, was auf dieser kleinen Leinwand ist, jeweils den Leuten, die im Scanner liegen. Jeder, der hier im Scanner liegt, sieht etwas, nämlich schwarze Punkte. Die Instruktion lautet: Achte auf die schwarzen Punkte und schau genau auf die schwarzen Punkte. Dann werden schwarze Punkte gezeigt, die anfangen, sich zu bewegen. Es kommen ein paar weiße Punkte dazu, und dann bewegen sich auch die weißen Punkte. Hier endet das Experiment. Und jetzt wird ein Differenzbild zwischen der Gehirnaktivität hier und der Gehirnaktivität dort gemacht. Wo ist das Gehirn aktiver, wenn sich etwas bewegt? Antwort: Das Areal MT hier ist für Bewegungsverarbeitung zuständig; wenn es, was sehr selten ist, beidseits kaputt ist, sehen Sie keine Bewegung mehr, sondern bloß noch Standbilder, ein Standbild nach dem anderen. Was jetzt interessiert, ist der zeitliche Verlauf der Aktivität von MT über die Zeit hier. Es hat sich hier viermal etwas bewegt, und hier geht's viermal hinauf. Und noch etwas: Die Leute sollten ja auf die schwarzen Punkte achten. Und was sehen wir hier bei den schwarzen Punkten? Wenn die sich bewegen, geht's eindeutig weiter hinauf, als wenn sich die weißen Punkte bewegen. Was Sie also hier sehen, ist die Modulation der Aktivität in dem Areal, das Bewegung verarbeitet, durch Ihre Aufmerksamkeit. Wenn Sie sich auf das, was sich da bewegt, konzentrieren, dann wird's höher, gibt's mehr Aktivität in dieser Hirnstruktur, wenn Sie sich nicht darauf konzentrieren, weniger.

Man hat entsprechende Untersuchungen mit Farben gemacht: Wenn Sie sich auf die Farbe konzentrieren, geht Ihr Farbareal hoch; man sieht hier klar einen Aufmerksamkeitseffekt. Es gibt eine Reihe solcher Untersuchungen. Nun könnten Sie sagen: Na und, was ist das schon? Das bisschen, hat das irgendwie Relevanz? Es mag statistisch signifikant sein, aber ist es bedeutsam? Hat es einen Effekt? Die Antwort – und das wissen wir seit drei Jahren – ist ja.

Dazu das nächste Experiment. Ich lege Sie in den Scanner und zeige Ihnen Bilder. Das kann man auch mit Worten machen – wir machen es mittlerweile mit Bildern und Worten – und es klappt wirklich, auch bei uns. Im Sommer 1998 hat man folgendes gemacht: Sie liegen im Scanner und ich zeige Ihnen Bilder, einfach belanglose Bilder, nichts Besonderes. Und Ihre Aufgabe ist es, jeweils einen Knopf zu drücken, ob das eine Innenaufnahme oder eine Außenaufnahme ist. Mehr müssen Sie im Scanner gar nicht machen. Nach 92 Bildern dürfen Sie raus aus dem Scanner, und dann mache ich das, was Psychologen gerne tun, nämlich eine *surprise memory task*, d. h. ich habe es Ihnen vorher nicht gesagt und überrasche Sie hinterher mit einem Stapel Bildern, aus dem sie die heraussuchen sollen, die eben gerade im Scanner gezeigt wurden. Und natürlich sind da auch andere Bilder mit dabei, damit das wirklich eine Aufgabe ist. Jetzt sortieren Sie als Versuchsperson diese Bilder und haben dann den einen Stapel von Bildern, von denen Sie sagen, ja, die habe ich gesehen, und einen anderen Stapel von Bildern, von denen Sie sagen, nein, die habe ich nicht gesehen; da sind natürlich auch die dabei, die gar nicht im Scanner gezeigt wurden, aber die sortieren Sie ja gleich weg. Es gibt also hinterher – das ist wichtig – zwei Stapel von Bildern: diejenigen, die im Scanner gezeigt und erinnert wurden, und diejenigen, die im Scanner gezeigt und nicht erinnert wurden.

Während die Bilder im Scanner gezeigt wurden, sind gleichzeitig Gehirnaktivierungsbilder gemacht worden. Und jetzt vergleicht man diese Gehirnaktivierungsbilder, die gemacht wurden, während ein Bild hängen blieb, mit denen, die gemacht wurden, während das Bild nicht hängen blieb. Dadurch erkennt man die Areale, die aktiver waren. Es gibt also, was so mancher schon ahnt, parahippokampale und hippokampale Areale. Wenn man sich etwas merken muss, muss der Hippokampus erst einmal aufglühen – also rechts frontal ist ein Areal, das für Bildverarbeitung zuständig ist, und da ist mehr los, wenn etwas hängen bleibt! Seit drei Jahren weiß die Wissenschaft also: Wenn Sie wieder einmal etwas vergessen haben und Sie sagen »Aah!« und schlagen sich hier vorne an den Kopf, liegen Sie ziemlich richtig: Da hätte mehr los sein sollen!

Das ist aber gar nicht der Punkt, der Punkt ist der hier: Man kann nämlich über alle Versuchspersonen und über alle Bedingungen gemittelt folgendes anschauen: Wie ist denn die Aktivität zum Beispiel dieses Areals – das wir hier sehen – im zeitlichen Verlauf beim Betrachten der Bilder, die hinterher vergessen wurden, und beim Betrachten der Bilder, die hinterher erinnert wurden? Es gab nebenbei noch eine dritte Bedingung, wenn die Versuchsperson nämlich gesagt hat, es kommt mir bekannt vor, aber ich weiß es nicht genau, dann hat man einen dritten Stapel gemacht und hinterher geschaut, wie denn die Aktivität da abgelaufen ist.

Wie auch immer, das Ergebnis sehen Sie hier: Zuerst bei jeder Versuchsperson höchste Aktivität bei erinnerten Bildern, geringste bei vergessenen Bildern, und bei denen, die irgendwie bekannt waren, lag die Aktivität in der Mitte. Und hier sehen Sie schön, dass es von da nach dort etwa 13 Sekunden sind. Hier wird das Bild gezeigt; jetzt denken Sie über das Bild nach, blaue Kurve; Sie denken nach und sagen »drinnen« oder »draußen« und haben das Bild vergessen. Und jetzt zeige ich Ihnen ein anderes Bild, und Sie denken nach und denken ein bisschen mehr nach, rote Kurve; und Sie haben das Bild behalten. Bei der grünen Kurve kommt es Ihnen hinterher halt ein bisschen bekannt vor. Wichtig: Der Unterschied zwischen roter und blauer Kurve ist prozentual exakt genau so groß wie der Aufmerksamkeitseffekt, den ich Ihnen eben gezeigt habe. Wenn Sie also darauf achten, wird da ein bisschen mehr Aktivität hingeschafft. Na klar, Aktivität ist auch das, was Synapsenstärken ändert! Denn wenn gelernt wird, rauscht Aktivität über Synapsen und das ändert die Stärke von Synapsen! Und diese Aktivität, die durch Aufmerksamkeitsprozesse da hingeschafft wird, sorgt also offensichtlich für ein besseres Behalten genau davon.

Und damit ist wirklich völlig klar, was unsere Lebenserfahrung sozusagen mit uns macht: Sie macht dauernd etwas mit uns! Wir sind Produkt unserer Lebenserfahrung, und die ist für jeden von Ihnen anders, weswegen jeder von Ihnen auch ein anderer ist, ein völlig anderer. Unsere Individualität, das sind nicht unsere paar Gene, nein. Ein kleiner Fadenwurm hat schon 19 000 Gene, und wir haben 32 000. Also das kann's nicht sein! Und wir haben 99 Prozent unseres Gens mit den Schimpansen gemeinsam. Also das ist es auch nicht! Es ist unsere Lebenserfahrung, unsere ganz platte, banale Lebenserfahrung – und wir beginnen die Prozesse zu verstehen, wie unsere Lebenserfahrung unser Gehirn sozusagen formt, und zwar im Wechselspiel.

Wir haben schon bestimmte Anlagen, und wir haben eine Motivationsausstattung und bestimmte Prädispositionen. Aber dazu kommt die Lebenserfahrung, und in dieser Interaktion spielt sich das ab, was unsere Individualität ausmacht. Das kann klappen, das kann auch mal schief gehen. Für uns Psychiater zum Beispiel folgt daraus folgendes: Wenn die Biochemie nicht ganz stimmt, dann sehen Sie die Dinge nicht mehr so klar oder ängstlich: Hier auf dem Bild ist ja eigentlich bloß eine Frau vor dem Spiegel, aber Sie haben vielleicht etwas anderes gedacht. Der Punkt ist: Da muss gar nicht viel im Kopf daneben gehen, und Sie sehen es nicht mehr so, sondern eben anders. Und wenn Sie das lang genug *so* sehen, dann ist irgendwer hinter Ihnen her – früher war es der CIA, heute sind es die Terroristen oder wer und was auch immer. Die Tendenz zur Physiognomisierung der Umwelt – d. h. Gesichter zu sehen, wo keine sind – die gibt's: Die Prinzhorn-Sammlung in Heidelberg hat ganz viele schöne Bilder, wo die Patienten Wolken malen und die Wolken gucken Sie an.

Und das ist das Problem für uns Psychiater: Die Psychiatrie hat ja keinen guten Ruf. Wer geht da schon gerne freiwillig hin? Und deshalb vergehen vom ersten psychotischen Symptom bis zur ersten Aufnahme in die Psychiatrie im Schnitt sechs Jahre. Bei Depressiven ist es nicht viel anders, wann kommen die denn schon mal zu uns? Und in dieser Zeit haben sie all diese Erfahrungen gemacht, und wo sind die? Engrammiert als Gedächtnisspur, auf der Landkarte. Und wie ändern Sie die Landkarten? Die können Sie in Psychopharmaka baden, da passiert nichts! Das ist ein wichtiger Punkt.

Die Landkarten werden sich nur durch neue Lebenserfahrung wieder ändern, und in dem Fall hoffentlich korrigierend wieder ändern. Wahn geht nicht weg dadurch, dass man ein bisschen Medikamente nimmt. Die Wahn*bereitschaft*, die Dinge anders zu sehen, die geht weg. Aber wenn Sie lange genug geglaubt haben, dass Ihr Nachbar beim CIA ist, wie wollen Sie herauskriegen, dass er es nicht ist? Und immer, wenn Sie ihn angucken, guckt er so komisch zurück und dann ist doch klar, dass er beim CIA ist. Und wenn der Doktor mit Ihnen als Patienten redet und ändert nichts daran, dann ist er auch bald beim CIA. Ist doch klar. Und je intelligenter einer ist, umso komplexer ist die Sache mit dem CIA. Da gibt's sogar Untersuchungen; darüber habe ich habilitiert und könnte jetzt ewig reden, nur so viel: Wir Deutschen sind da ganz schlecht! Wir brauchen am längsten, um uns von unserem Wahnsystem zu distanzieren, denn wir meinen, was wir sagen, und dazu stehen wir ja auch. Und das ist in dem Fall ganz blöd. In Afrika hingegen hat man eine Theorie, dass die Seele aus dem Baum in Sie reingeht und morgens wieder hinaus. Wie lange dauert es für einen Afrikaner, um sich von einem Wahn zu distanzieren? Ganz schnell geht das, die haben die besten Karten. Woraus auch Sie wieder ersehen, wie die Biochemie und die Kultur etwas miteinander zu tun haben.

Und was heißt das für unsere Klinik? Ich habe die kleinste psychiatrische Uniklinik Deutschlands. Und wenn sie doppelt so groß wäre, wäre sie immer noch die kleinste. Wir haben trotzdem alle möglichen Dinge für unsere Patienten. Wir haben eine Seidenmalerei, eine Töpferei und Computertraining, ein Lauftraining, eine Kochgruppe und, weiß der Henker, wir haben alles! Das ist schwierig mit wenig Leuten, da müssen Sie mit Drittelstellen arbeiten, dass alles besetzt ist. Warum? Na ja, wir haben doch Tierversuche, die uns ganz klar zeigen, dass »Töpfern für alle« schlecht ist. Denn es gibt Leute, die mögen nicht töpfern. Und was passiert, wenn Sie herummanschen im Brei und Sie haben eigentlich gar keine Lust dazu? Nichts! Gar nichts. Deswegen wollen wir die Menschen doch packen mit dem, was ihnen Spaß macht. Nur dann haben alle auch eine Chance. Die Psychotherapieforschung hat nicht viel herausgekriegt, aber eine Sache ist ganz klar. Wenn Therapeut und Klient <u>miteinander können</u>, funktioniert die Therapie, und Sie können alles machen: auf die Couch, Handauflegen, einfach nur reden oder was auch immer. Es funktioniert nur, wenn Therapeut und Klient <u>miteinander können</u>, denn dann stimmt die Emotion, dann stimmt die Aufmerksamkeit, dann stimmt die Motivation, dann passiert etwas zwischen den beiden und dann wirkt auch die Therapie. Das ist der wichtigste Therapiefaktor, den es überhaupt gibt! Wenn die beiden nicht miteinander können, können Sie machen was Sie wollen, es funktioniert nicht! Das ist im Lichte dieser Ergebnisse völlig klar. Heißt das jetzt, wir müssen Pillen geben *oder* wir müssen reden *oder* sonst irgendetwas tun? Nein. Es kann nur sein, dass wir uns – weil unser Gehirn bestimmt wird durch Lebenserfahrung und weil es dauernd komplex darauf reagiert und weil es da eine Interaktion zwischen Biochemie und Erfahrung gibt – natürlich um beides kümmern müssen, dann machen wir es richtig! Und das ist eigentlich etwas, das gute Kliniker schon immer wussten, und gute Psychologen auch. Aber es macht nichts, wenn man es ab und zu mal sagt. Ich danke Ihnen fürs Zuhören.

*) miteinander WAS können? da fehlt doch ein Satz-objekt!!

GERALD HÜTHER

KÜNSTLICHE INTELLIGENZ UND GEHIRNFORSCHUNG – ABSCHIED VOM ABENDLÄNDISCHEN MENSCHENBILD?

Wo immer Menschen mit unterschiedlichen Erfahrungen zusammenkommen, um die aus diesen Erfahrungen gewonnenen Vorstellungen auszutauschen, müssen sie auch gemeinsam nach Lösungen für die Probleme suchen, die sich aus der Unterschiedlichkeit ihrer bisher gemachten Erfahrungen und ihren daraus abgeleiteten Schlussfolgerungen zwangsläufig ergeben. Der einfachste und deshalb wohl auch am häufigsten beschrittene Weg bei dieser Suche nach einer Lösung für ein bestimmtes Problem läuft darauf hinaus, dass sich der Eine mit seinen Überzeugungen durch- und über den Anderen hinwegsetzt, sei es aufgrund seiner überlegenen rhetorischen Fähigkeiten, seiner besonders kompromisslos vertretenen Haltung oder seiner als kompetenter und überlegener erscheinenden Fähigkeiten und Fertigkeiten bei der Einschätzung und Lösung der betreffenden Problematik. Die mit derartigen Überrumpelungstechniken erreichten Übereinkünfte zeichnen sich in erster Linie durch ihre zwangsläufig zustande gekommene Einseitigkeit aus. Was bei dieser Art von Disputen gefunden wird, sind zwar sehr schnelle, dafür aber wenig tragfähige Lösungen. Eine ganz andere, aber weitaus bessere Strategie, die Menschen mit unterschiedlichen Erfahrungen und ihren daraus abgeleiteten unterschiedlichen Vorstellungen zur Lösung gemeinsamer Probleme einschlagen können, besteht darin, einander Fragen zu stellen. Fragen, die nicht so sehr darauf abgerichtet sind, *wie* sich ein bestimmtes Ziel am besten und am schnellsten erreichen lässt, sondern Fragen, die uns in all unserer Verschiedenheit zwingen, darüber nachzudenken, *welches* gemeinsame Ziel wir eigentlich verfolgen, was uns wichtig und deshalb vorrangig zu behandeln ist und was uns weniger wichtig erscheint und daher nebensächlich bleiben kann.

In doppelter Hinsicht bin ich den Organisatoren der 12. Bamberger Hegelwoche dankbar: Erstens dafür, dass sie eine *Frage* in den Mittelpunkt dieser Veranstaltung gestellt haben. Angesichts der in jüngster Zeit rasant fortschreitenden wissenschaftlich-technologischen Entwicklungen und ihrer vielfältigen Auswirkungen auf den Einzelnen und die Gesellschaft ist die banale Frage »Was bleibt vom Menschen?« zentral für unser eigenes Selbstverständnis geworden. Zweitens bin ich froh, dass die Organisatoren eine Antwort auf diese Frage nicht an einer Stelle suchen, von der uns allzu häufig suggeriert wird, dass sie dort zu finden und zu entscheiden sei – nämlich bei den genetischen Anlagen, mit denen wir auf die Welt kommen und die wir inzwischen mehr schlecht als recht zu manipulieren gelernt haben –, sondern vielmehr genau dort, wo sich der Mensch vom Tier am deutlichsten unterscheidet. Also in seinem Gehirn und all dem, was er damit macht oder auch (noch) nicht zu machen imstande ist. Genau hier, in unserem Verständnis dessen, was sich in unserem Gehirn abspielt, etwa wenn wir es zum Lösen von Problemen einsetzen, wenn wir damit neue Erfahrungen machen, oder wenn wir an der Richtigkeit eines einmal eingeschlagenen Weges zu zweifeln und über uns selbst nachzudenken beginnen, hat sich in den letzten Jahren ganz Entscheidendes verändert. Eric Kandell, einer der führenden Hirnforscher und Nobelpreisträger brachte unlängst den gegenwärtigen Erkenntnisstand über die nutzungsabhängige Plastizität neuronaler Verschaltungen im menschlichen Gehirn vor mehreren tausend Teilnehmern der Jahrestagung der American Psychiatric Association in New Orleans mit folgender Bemerkung auf den Punkt: »After leaving this lecture, your brain and its synapses will not be the same as before.«

Die in unserem Gehirn angelegten, unser Fühlen, Denken und Handeln bestimmenden Nervenzellverschaltungen, so lautet die wichtigste Erkenntnis der modernen Hirnforschung, sind wesentlich anpassungsfähiger, durch die Art ihrer Nutzung formbarer, auch verformbarer, als bisher angenommen. Neue Erfahrungen, die wir machen, werden strukturell in Form neuer Verschaltungsmuster im Gehirn verankert, und das nicht nur am Anfang unserer Entwicklung, sondern zeitlebens. Die aus diesen eigenen Erfahrungen erwachsenden Gefühle, Intentionen und Haltungen bestimmen ganz wesentlich darüber, was wir wahrnehmen, wie wir bestimmte Wahrnehmungen bewerten und schließlich handeln. Da die wichtigsten Erfahrungen, die wir mit unserem Gehirn machen, immer

Erfahrungen im Zusammenleben mit anderen Menschen sind, wird die Strukturierung des menschlichen Gehirns ganz wesentlich durch psychosoziale Faktoren, also durch Erziehung, durch kulturelle Tradierungen und nicht zuletzt durch soziale Kanalisierungsprozesse bestimmt. Unser Gehirn ist also ein soziales Konstrukt und damit weniger ein Denk-, als vielmehr ein Sozialorgan (das man glücklicherweise und unter bestimmten Voraussetzungen auch zum Nachdenken nutzen kann).

All diese neuen Erkenntnisse der modernen Hirnforschung sind innerhalb weniger Jahre entstanden und beginnen sich erst jetzt allmählich auszubreiten. Sie stellen vieles in Frage, was wir bisher geglaubt, für richtig gehalten haben und zur Grundlage unseres Handelns gemacht haben. Und sie relativieren vieles von dem, was vor Jahren noch denkbar und machbar erschien. Das gilt auch für die Bemühungen der Computerspezialisten bei der Schaffung von künstlicher Intelligenz oder der Gentechnologen bei der Erzeugung »besserer« Anlagen für »bessere« Gehirne. Bedeutet das, und damit komme ich zum Thema dieser Podiumsdiskussion, dass wir nun auch Abschied nehmen müssen von unserem abendländischen Menschenbild?

Ich will versuchen, mich fragend an eine Antwort heranzutasten und werde dabei vier Thesen in den Raum und zur Diskussion stellen. Am besten beginnen wir mit der Frage, wozu man überhaupt ein Menschenbild braucht, und wie man sich davon verabschieden kann.

Die Bilder, die wir uns machen, dienen der Orientierung, und die Orientierung die wir aus diesen Bildern gewinnen, bestimmt den Weg, den wir einschlagen. Wenn man gemeinsam irgendwohin will, braucht man eine gemeinsame Orientierung. Und wenn man feststellt, dass man auf einen Punkt zusteuert und irgendwo anzukommen droht, wo man eigentlich nicht hin wollte, dann war entweder das Bild falsch, an dem man sich bisher orientiert hat (und davon verabschiedet man sich dann gern), oder man muss feststellen, dass man in Wirklichkeit doch gar kein gemeinsames Bild hatte bzw. dass einem dieses gemeinsame Bild unterwegs abhanden gekommen ist (und dann braucht man sich davon nicht mehr zu verabschieden).

Wenn man nun aber kein Bild mehr hat, an dem man sich orientiert, was bestimmt dann den Weg, den man einschlägt?

Die Antwort auf diese Frage ist leicht zu finden: Man orientiert sich dann eben an den konkreten Möglichkeiten, die man vorfindet, oder die einem angeboten werden, um seine individuellen Bedürfnisse zu befriedigen. Dann bestimmen die vorgefundenen Verhältnisse den weiteren Weg. Dann orientiert man sich am hier und jetzt Machbaren. Dann gibt es kein über die eigene Bedürfnisbefriedigung hinausgehendes Ziel, keine über die eigene Existenz hinausreichende Vorstellungen und (bei der Umsetzung dieser individuellen Ziele) keinen anderen Maßstab für richtig und falsch als den Erfolg.

1. These: Der Abschied vom abendländischem Menschenbild (der Verlust einer gemeinsamen Orientierung) ist nicht die Folge von, sondern die Ursache für zunehmend unkontrollierbar werdende, bedrohliche Entwicklungen in unserer Gesellschaft (dazu zählen auch wissenschaftlich-technische Entwicklungen).

Damit stellt sich die zweite wichtige Frage: *Wie konnte uns die Vorstellung davon, was wir sind und wohin wir wollen (also unser abendländisches Menschenbild) überhaupt abhanden kommen? Weshalb und wann ist das geschehen?*

Abhanden kann einem nur etwas kommen, was man zunächst einmal besitzt. Eine klare Vorstellung davon, was »Menschsein« bedeutet, was ein Mensch oder gar eine ganze Menschheit ist, was beides sein oder werden könnte, hatten aber wohl seit jeher nur wenige Personen. Und das jeweilige Menschenbild, das sie daraus ableiteten, war beschränkt durch das, was sie wussten und bestimmt durch das, was ihnen besonders wichtig erschien (Kultur, Religion, Zeitgeist). Das gilt auch für unser abendländisches Menschenbild. Es war nicht sehr fest und breit (in allen Schichten) verankert, es war nicht ausgewogen, nicht vollständig und dem späteren Zuwachs an Wissen (und der Abwehr von Halbwissen) nicht gewachsen. Angesichts dessen, was dieses Menschenbild zugelassen hatte (Hexenverbrennungen, Sklaverei, Kolonialisierung, Krieg und Völkermord) muss es einer immer größer werdenden Zahl von Menschen als ungeeignet, in der Umsetzung fragwürdig und deshalb als Orientierungshilfe unbrauchbar erschienen sein.

2. These: Unser abendländisches Weltbild (unsere Orientierung) ist uns nicht auf Grund bestimmter wissenschaftlich-technischer Entwicklungen abhanden gekommen, sondern weil es a priori nicht in allen Schichten der Bevölkerung gleichermaßen stark verankert war und weil es sich für den kurzfristigen individuellen Erfolg einer wachsenden Zahl von Menschen (Befriedigung materieller Bedürfnisse) als unnötig, ungeeignet oder gar hinderlich erwies.

Die dritte Frage führt uns nun schon sehr weit in die heutige Zeit: *Welche Folgen hat es, wenn man die Orientierung verloren hat bzw. wenn man sich nur noch an dem orientiert, was kurzfristig machbar erscheint?*

Wenn man sich daran macht, etwas, was machbar ist und was Erfolg verspricht, konsequent umzusetzen (z. B. Erbgut zu manipulieren, neue Ressourcen zu erschließen, menschliche Tätigkeiten durch Maschinen zu ersetzen), so lernt man dabei dreierlei hinzu: Man lernt zunächst all das, was man braucht, um das angestrebte Ziel zu erreichen (Wissen, Fähigkeiten und Fertigkeiten, »know how«). Man lernt zweitens aber auch, dass man – wenn das angestrebte Ziel schließlich erreicht ist – kein Ziel (und damit auch keine Orientierung) mehr hat. Und man lernt auch noch, dass man durch die konsequente Verfolgung eines bestimmten Zieles am Ende nur neue Probleme schafft, die vorher nicht da waren, die man also aus Unkenntnis oder Ignoranz erst selbst erzeugt hat. Fatalerweise treten die Folgen unserer Eingriffe in natürliche Gleichgewichte oft erst mit erheblicher Verzögerung zutage (z. B. Klimaveränderungen, Umweltschäden, BSE usw.).

3. These: Die Orientierung am Machbaren stößt automatisch an Grenzen und zwingt uns, über die Folgen des hier und jetzt Machbaren nachzudenken, also nach einer über das Machbare hinausgehenden Orientierung zu suchen. Oder anders formuliert: Je konsequenter eine Gesellschaft sich von einem ganz bestimmten Menschenbild verabschiedet, desto stärker wird der Druck, neue gemeinsame, Orientierung bietende Vorstellungen zu entwickeln.

Die letzte Frage ist die gegenwärtig und für unsere heutige Diskussion spannendste: *Woher können solche langfristig gültigen und nicht mit einem bestimmten Verfallsdatum versehenen, Orientierung bietenden Vorstellungen kommen?*

Hier gibt es nur eine, wenn auch für manche Menschen recht schmerzliche Antwort: aus Selbsterkenntnis, aus der objektiven Erkenntnis unserer eigenen Möglichkeiten und Grenzen, also der Möglichkeiten und Grenzen unseres sozialen Denkapparates. In der Vergangenheit haben sich Denker der unterschiedlichsten Gebiete darum bemüht, die Grenzen und Möglichkeiten menschlicher Erkenntnis, auch menschlicher Selbsterkenntnis herauszuarbeiten. Die dabei gewonnenen Überzeugungen bildeten die Grundlage unserer bisherigen Welt- und Menschenbilder. Hirnforscher gibt es noch nicht allzu lange und sie haben sich bisher an dieser Suche entweder kaum beteiligt oder aber Thesen vertreten, die sich angesichts des rasch wachsenden Erkenntnisstands auf diesem Gebiet entsprechend rasch als falsch, unzutreffend oder irrelevant erwiesen. Angesichts der Tatsache, dass vor allem in den letzten Jahren sehr viel neues Wissen und ein wachsendes Verständnis komplexer, sozio-psycho-neurobiologischer Zusammenhänge entstanden ist, kann und muss die Frage heute erneut gestellt werden, was die Hirnforschung an neueren Erkenntnissen zu bieten hat und was sich daraus unter Umständen auch für die Gestaltung unseres Menschenbildes ableiten lässt.

Das menschliche Gehirn ist das plastischste, lernfähigste und am wenigsten durch genetische Anlagen vorprogrammierte Gehirn, das wir kennen. Deshalb ist die Art und Weise, wie wir unser Gehirn benutzen, ganz entscheidend dafür, welche Verschaltungen stabilisiert und gefestigt, und welche aufgelöst und abgebaut werden. Weil wir unser Gehirn in dieser Weise für bestimmte Leistungen gewissermaßen selbst, durch die Art der Nutzung programmieren, laufen wir (je älter wir werden) immer stärker Gefahr, die unser Denken, Fühlen und Handeln bestimmenden Verschaltungen in unserem Gehirn durch die konkreten Nutzungsbedingungen (die wir uns selbst geschaffen haben) zu festigen und zu verstärken (uns also selbst immer stärker zu programmieren). Je länger und je einseitiger wir unser Hirn auf eine ganz bestimmte Weise für ganz bestimmte Zwecke einsetzen, desto stärker werden die dabei immer wieder aktivierten Verschaltungen gebahnt. Wir verlieren so zunehmend die Fähigkeit, anders zu denken, zu fühlen oder zu handeln als bisher. So werden wir immer befangener, klammern uns immer stärker an das Bewährte, können einmal eingefahrene Verhaltensweisen immer schlechter verändern, verlieren zunehmend unsere Freiheit und werden schließlich immer stärker zu Gefangenen der Verhältnisse (der Nutzungsbedingungen), die wir selbst geschaffen haben.

Die erste, für unsere eigene Orientierung und unser Selbstverständnis aus den Ergebnissen der modernen Hirnforschung ableitbare Erkenntnis lautet also: Ein zeitlebens lernfähiges Gehirn ist auch zeitlebens programmierbar. Und wenn erst einmal durch eine bestimmte Art der Nutzung bestimmte Bahnungen entstanden sind (wir uns also selbst programmiert haben), so sind diese Programmierungen später nur noch schwer wieder auflösbar.

> *»Nicht alle, die etwas zu sehen glauben, haben die Augen offen; und nicht alle, die um sich blicken, erkennen auch, was um sie herum und mit ihnen geschieht. Einige fangen erst an zu sehen, wenn nichts mehr zu sehen da ist. Erst wenn sie Haus und Hof zugrunde gerichtet haben, beginnen sie, umsichtige Menschen zu werden. Zu spät hinter die Dinge zu kommen, dient nur zur Abhilfe, wohl aber zur Betrübnis.«*
>
> Balthasar Gracián, 1647
> (aus: Oraculo Manual, dt. Übersetzung: Hand-Orakel und Kunst der Weltklugheit, übertr. v. Arthur Schopenhauer. Zürich, 1993)

Um derartige Fehlentwicklungen zu vermeiden – auch das ist eine neue Erkenntnis der modernen Hirnforschung, die lediglich das bestätigt, was viele Menschen seit langem bereits vermutet hatten – können wir zwei unterschiedliche Wege einschlagen:

Einen bequemen und einen unbequemen. Der bequeme ist der, den wir schon kennen und auf dem wir im Verlauf unserer bisherigen Entwicklung bereits reichlich Erfahrung zu sammeln Gelegenheit hatten. Es ist der Weg, auf dem man mit all seinen Fehlern und Beschränktheiten einfach immer so weiterzugehen versucht wie bisher. Dieser Weg wird dann automatisch mit der Zeit immer beschwerlicher, bis man irgendwann in dem immer dichter werdenden Gestrüpp all der vielen Probleme stecken bleibt, die man sich mit seiner eigenen Beschränktheit geschaffen hat. Erst dann, wenn es so wie bisher nicht mehr weitergeht, kann jemand, der diesen Weg gewählt hat, auch zu der Einsicht gelangen, dass er mit der bisherigen Art der Benutzung seines Gehirns endgültig gescheitert ist. Sich auf diese Weise selbst in Frage zu stellen, ist nicht nur recht schmerzvoll, sondern auch sehr gefährlich.

Der zweite Weg beginnt dort, wo der erste, zunächst so bequem erscheinende Weg so leidvoll endet: Bei der Fähigkeit, sich selbst und damit die Art der bisherigen Benutzung des eigenen Gehirnes immer wieder neu in Frage zu stellen. Diesen anderen, mühsamen Weg geht niemand freiwillig, der sich nicht dazu verpflichtet fühlt. Er lässt sich auch nur beschreiben, indem man seine Haltungen und seine Einstellungen gegenüber sich selbst und all dem, was einen umgibt, immer wieder überprüft. Unsere einmal entstandenen Haltungen und Einstellungen sind uns meist ebenso wenig bewusst wie die Macht, mit der sie uns zu einer ganz bestimmten Art der Benutzung unseres Gehirns zwingen. Unachtsamkeit beispielsweise ist eine Haltung, die nicht viel Hirn beansprucht. Wem es gelingt, künftig etwas achtsamer zu sein, der wird automatisch bei allem, was er fortan wahrnimmt, was er in seinem Gehirn mit diesen Wahrnehmungen verbindet (aktiviert) und was er bei seinen Entscheidungen berücksichtigt, mehr »Hirn« benutzen als jemand, der weiterhin oberflächlich oder unachtsam mit sich selbst und mit all dem, was ihn umgibt, umgeht. *Achtsamkeit* ist daher eine ganz wesentliche Voraussetzung für eine andere, vorausschauendere Art der Benutzung seines Gehirns.

Was sich durch Achtsamkeit auf der Ebene der Wahrnehmung und Verarbeitung an grundsätzlichen Erweiterungen der Nutzung des Gehirns erreichen lässt, kann auf der Ebene der für unsere Entscheidungen und für unser Handeln verantwortlichen neuronalen Verschaltungen durch eine Haltung erreicht werden, die wir *Behutsamkeit* nennen. Mit mangelnder Behutsamkeit, also mit Rücksichtslosigkeit, lässt sich ein bestimmtes Ziel vielleicht besonders rasch erreichen. Komplexe Verschaltungen braucht man, benutzt man und festigt man mit dieser Haltung jedoch nicht.

Aus sich selbst heraus kann ein Mensch diese Haltungen ebenso wenig entwickeln wie die Fähigkeit, sich in einer bestimmten Sprache auszudrücken. Er braucht dazu andere Menschen, die diese Haltungen zum Ausdruck bringen. Und, was noch viel wichtiger ist, er muss mit diesen Menschen in einer engen emotionalen Beziehung stehen. Sie müssen ihm wichtig sein, und zwar so, wie sie sind, mit allem, was sie können und wissen, auch mit dem, was sie nicht wissen und nicht können. Er muss sie mögen, nicht weil sie besonders hübsch, besonders schlau oder besonders reich sind, sondern weil sie so sind, wie sie sind. Kinder können einen anderen Menschen so offen, so vorbehaltlos und so um seiner selbst willen lieben. Sie übernehmen deshalb auch die Haltungen und die Sprache der Menschen, die sie lieben am leichtesten. Und manchmal gelingt es auch noch Erwachsenen, einander so vorbehalt- und selbstlos zu begegnen, als wären sie Kinder. *Liebe* erzeugt ein Gefühl von Verbundenheit, das über denjenigen hinausreicht, den man liebt. Es ist ein Gefühl, das sich immer weiter ausbreitet, bis es schließlich alles umfasst, was einen selbst und vor allem diejenigen Menschen, die man liebt, in die Welt gebracht hat und in dieser Welt hält. Wer so vorbehaltlos liebt, fühlt sich mit allem verbunden, und dem ist alles wichtig, was ihn umgibt. Er liebt das Leben und freut sich an der Vielfalt und Buntheit dieser Welt. Er genießt die Schönheit einer Wiese im Morgentau ebenso wie ein Gedicht, in dem sie beschrieben, oder ein Lied, in dem sie besungen wird. Er empfindet eine tiefe Ehrfurcht vor allem, was lebt und Leben hervorbringt, und er ist betroffen, wenn es zugrunde geht. Er ist neugierig auf das, was es in dieser Welt zu entdecken gibt, aber er käme nie auf die Idee, sie aus reiner Wissbegierde zu zerlegen. Er ist dankbar für das, was ihm von der Natur geschenkt wird. Er kann es annehmen, aber er will es nicht besitzen. Das einzige, was er braucht, sind andere Menschen, mit denen er seine Wahrnehmungen, seine Empfindungen, seine Erfahrungen und sein Wissen teilen kann. Wer sein Gehirn als ein zeitlebens lernfähiges, für neue Erfahrungen offenes, in freier Selbstbestimmung nutzbares, weder programmier- noch manipulierbares Organ entwickeln und erhalten will, der müsste also eigentlich lieben lernen.

Und damit bin ich nun auch bei der vierten These und dem Fazit meiner Ausführungen angekommen:

4. These und Fazit: Die neueren Erkenntnisse der Hirnforschung bieten, genauer betrachtet und zu Ende gedacht, durchaus gewisse Ansatzpunkte, um daraus ein wissenschaftlich fundiertes, mit den

Erkenntnissen anderer Disziplinen vereinbares, Orientierung bietendes Menschenbild abzuleiten. [Neo-Naturalismus!]

Dieses Bild zwingt uns, möglichst enge emotionale Bindungen zu möglichst vielen anderen Menschen und der uns umgebenden Welt zu entwickeln, uns stärker als bisher um die Gestaltung der Entwicklungsbedingungen für unsere Nachkommen zu kümmern, achtsam, umsichtig, verantwortungsvoll mit uns selbst, mit anderen Menschen und mit der Schöpfung umzugehen, neue Herausforderungen als Chance zur Weiterentwicklung anzunehmen und gemeinsam zu lösen, Erfolg als Gefahr zu erkennen und ein Gefühl tiefer Betroffenheit über einmal gemachte Fehler zuzulassen, Vielfalt zu erhalten und uns bei allem, was wir tun, Zeit zum Nachdenken zu lassen.

Literaturhinweise

Hüther, Gerald: Biologie der Angst. Göttingen: Vandenhoeck und Ruprecht, 1997.

ders.: Evolution der Liebe. Göttingen: Vandenhoeck und Ruprecht, 1999.

ders.: Bedienungsanleitung für ein menschliches Gehirn. Göttingen: Vandenhoeck und Ruprecht, 2001.

Gebauer, Karl und Hüther, Gerald: Kinder brauchen Wurzeln. Düsseldorf: Walter, 2001.

NACHWORT

Sagt ein Kyborg zum anderen: Weißt du noch, damals, als es noch Menschen gab? Sagt der andere Kyborg: Was heißt hier „gab" – ich bin Mensch!

(alter Kybernetikerwitz)

(Die anschließende Podiumsdiskussion können wir wegen einer technischen Panne bei der Aufzeichnung leider nicht dokumentieren.)

[_Zu Allerletzt:_]

Daß die „Bamberger Hegelwochen" mit Hegel gar nichts mehr zu tun haben — hatten sie Hegel überhaupt jemals zum Thema? — habe ich ja vor Jahren schon bemäkelt; man hätte sie lieber gleich „Bamberger Philosophiewochen" nennen sollen! Diesmal (200_1_) aber waren sie nichtmal mehr das; eine gewiß interessante Wissenschaftswoche mit einigen Bezügen zur Philosophie, aber einen wirklich philosophischen Beitrag liefert das vorliegende grüne Buch in keinster Weise; es kann den Philosophen allenfalls neue Denkanstöße geben. Dennoch bin ich dankbar

für die hier vermittelt neuen und _alltagstauglichen_ Einsichten!